DE

L'INALIÉNABILITÉ DE LA DOT

MOBILIÈRE ET IMMOBILIÈRE

SOUS LE RÉGIME DOTAL

EN DROIT ROMAIN ET EN DROIT FRANÇAIS

THÈSE POUR LE DOCTORAT

Qui sera soutenue le samedi 21 février 1863, à 2 h. 1|2,

DANS LA SALLE DES ACTES PUBLICS DE LA FACULTÉ,

PAR

A. SINCHOLLE

Avocat à Poitiers.

— ❦ —

POITIERS

IMPRIMERIE DE A. DUPRÉ

RUE DE LA MAIRIE, 10.

1863.

DE

L'INALIÉNABILITÉ DE LA DOT

MOBILIÈRE ET IMMOBILIÈRE

SOUS LE RÉGIME DOTAL

EN DROIT ROMAIN ET EN DROIT FRANÇAIS

THÈSE POUR LE DOCTORAT

Qui sera soutenue le samedi 21 février 1863, à 2 h. 1|2,

DANS LA SALLE DES ACTES PUBLICS DE LA FACULTÉ,

PAR

A. SINCHOLLE

Avocat à Poitiers.

~~~~~

POITIERS
IMPRIMERIE DE A. DUPRÉ
RUE DE LA MAIRIE, 10.
1863.

Les visas exigés par les règlements sont une garantie des principes et des opinions relatives à la religion, à l'ordre public et aux bonnes mœurs (statut du 9 avril 1825, art. 41), mais non des opinions purement juridiques, dont la responsabilité est laissée au candidat.

Le candidat répondra en outre aux questions qui lui seront faites sur les autres matières de l'enseignement.

A MONSIEUR ÉDOUARD DALLOZ FILS,

Avocat, Député du Jura, Chevalier de la Légion-d'Honneur, etc.

DROIT ROMAIN.

CHAPITRE PREMIER.

ORIGINE ET NATURE DE LA DOT.

On lit dans la Genèse que Dieu dit à la femme : *Tu seras sous la puissance de l'homme, et il te dominera* (1).

Il semble que tous les législateurs se soient entendus pour faire accomplir cette prédiction. La supériorité de l'homme et l'infériorité de la femme sont inscrites partout, à l'origine de tous les peuples. Le mariage, c'est l'acquisition de la femme par l'homme. La personne et les biens de la femme deviennent la propriété du mari et sont placés sous sa puissance.

Ces mœurs furent pendant longtemps celles de Rome. Les femmes y furent en tutelle perpétuelle. Caton, défendant la loi Oppia contre le tribun Valerius, disait : *Majores nostri nullam, ne privatam quidem, rem agere feminas sine auctore voluerunt ;* IN MANU *esse parentum, fratrum, virorum* (2).

(1) *Eris in potestate viri, et ipse dominabitur tibi.* Ch. 3, v. 16.
(2) Tite-Live, XXXIV, 1. — *Voyez* aussi Ulpien, *Règles*, XI, 1; Gaïus, *Instit.* 1, §§ 148, 190, 193.

1

Suivant une ancienne loi, attribuée à Romulus, les mariages se faisaient de deux manières, par les cérémonies religieuses et patriciennes de la *confarréation*, ou par les solennités civiles et plébéiennes de la *coemption* (1). Ce dernier mode n'était autre que la mancipation ou la vente de la femme au mari *per æs et libram*. La femme, ainsi achetée, devenait la propriété du mari ; sa personne et ses biens tombaient dans les liens de la puissance maritale. Celui qui est une propriété ne peut pas avoir de propriété. En conséquence, tout ce que la femme possédait au moment du mariage et tout ce qui pouvait lui advenir par la suite était dévolu au mari à titre universel. Le mari acquérait par sa femme comme le père par son fils placé sous sa puissance, comme le maître par son esclave (2). La femme entrait dans la famille du mari ; elle y prenait la place d'une fille et le rang d'héritier sien du mari (3).

La confarréation produisait les mêmes effets. La femme *confarreata*, dit Festus, *nuptiali jure imperio viri subjicitur*.

Quand le mari était lui-même fils de famille et en puissance de son père ou d'un ascendant paternel, sa femme passait sous la puissance du même chef de famille : l'unité du pouvoir domestique ne permettait pas qu'il y eût une famille dans une autre.

Si le mariage était dissous par la mort de la femme, le mari retenait tous ses biens : il n'avait rien à restituer. Si c'était par la mort du mari, la femme ne reprenait pas les biens qu'elle avait apportés ; elle prenait, comme fille et par droit de succession, une part d'enfant dans le patri-

(1) Plutarque, *Vie de Romulus*, xxii; Denys d'Halicarnasse, liv. 2, ch. 25.

(2) Gaius, *Instit.* ii, §§ 86 et 96 ; Ulpien, *Règles*, xix, 18.

(3) Aulu-Gelle, xviii, 6.

moine du mari, ou la totalité, s'il n'y avait pas d'enfants (1).
En venant ainsi comme successeur, et non comme propriétaire, la femme devait supporter toutes les conséquences
de l'administration du mari, notamment ses dettes : elle
pouvait donc être obligée de s'abstenir et n'avoir rien à
prendre ; comme aussi elle pouvait faire un profit considérable, si elle n'avait apporté qu'un bien médiocre en
comparaison de la part qui lui revenait dans le succession
du mari.

Sous un tel régime, la femme ne pouvait pas demander
le divorce. La loi de Romulus n'accordait ce droit qu'au
mari ; elle en avait prodigué les causes pour fortifier la
puissance maritale. De plus, le divorce dissolvait le lien de
puissance produit par la coemption ou la confarréation.
En faisant sortir la femme de la puissance et de la famille
du mari, il lui faisait perdre sa qualité de fille et la succes-
sibilité attachée aux droits de parenté et de famille. La
femme, dont tous les biens avaient été dévolus au mari,
n'en reprenait aucun en sortant de la famille que le mariage lui avait donnée. Un tel résultat aurait trop gêné la
faculté du divorce pour les maris. Et ne croyez pas que,
sortie de la famille du mari, la femme rentrât, pour cela,
dans celle de son père. Elle en était sortie par le mariage ;
elle y avait perdu tous ses droits d'agnation en entrant dans
la famille du mari.

Aux facilités légales du divorce se joignait donc, pour les
maris, un intérêt manifeste de renvoyer leur femme, puisqu'ils retenaient tous leurs biens et droits. Chez un peuple
avide de jouissances matérielles, et dont l'avarice était pro-
verbiale, le mariage devint une spéculation et le divorce un
calcul.

(1) Gaïus, *Instit.* iii, § 3; Ulpien, *Règles*, xxii, 14, et xxiii, 3; Aulu-
Gelle, xviii, 2.

Ce régime fut appelé la *manus*. Le divorce le rendit odieux.

On avait d'ailleurs d'autres griefs contre lui. Il faisait perdre aux pères la puissance paternelle sur leurs filles, et aux agnats l'espérance de succéder à leurs sœurs, nièces et cousines consanguines, dont les biens passaient dans une famille étrangère. La jalousie de ces parents vint se joindre aux sympathies qu'inspirait la femme pour renverser la puissance des maris.

Le divorce, quoique permis par la loi, paraît n'avoir été pratiqué que fort tard à Rome : il était réprouvé par les mœurs. Spurius Carvilius Ruga fut le premier qui en donna l'exemple, vers l'an 520 de Rome (1). Aulu-Gelle, en rapportant ce fait, nous apprend qu'un célèbre jurisconsulte, Servius Sulpicius, auteur d'un traité sur les *dots* qui ne nous est point parvenu, avait écrit qu'après ce divorce les *cautiones rei uxoriæ* avaient paru nécessaires. Le divorce avait fait ressortir le côté défectueux du régime de la *manus*. La situation malheureuse qu'il faisait à la femme excita la sollicitude de sa famille : ses parents stipulèrent pour elle, au moment du mariage, qu'en cas de divorce, les biens qu'elle aurait apportés au mari lui seraient restitués. Ce furent ces stipulations que l'on appela *cautiones rei uxoriæ*. Bientôt le préteur, ayant égard à cet usage, accorda une action pour suppléer à ces conventions, lorsqu'elles avaient été omises, *actio rei uxoriæ*.

Cette obligation éventuelle de restituer les biens de la femme fut le premier coup porté à la *manus* et la première lueur de la dot. Elle renfermait en germe le principe essentiel et caractéristique du régime dotal, la séparation des biens entre les époux. Ce principe est diamétralement op-

(1) D'autres écrivains fixent le divorce de Carvilius à une époque bien antérieure. *V.* Plutarque, *Vie de Romulus*.

posé à celui de la *manus*, suivant lequel les biens de la femme vont se confondre dans ceux du mari et s'ajouter à son patrimoine.

Pendant que cette révolution juridique s'opérait à Rome, le régime dotal florissait dans la Grèce. Le mot *dos* est d'origine grecque; il est attique, comme le mot *parapherna*. (Ulpien, l. 9, § 3, *De jur. dot.*) La dot athénienne était sujette à restitution ; le mari n'en était point propriétaire (1), et ne la retenait dans aucun cas.

La restitution éventuelle avait imprimé aux biens de la femme *in manu* un des caractères de la dot athénienne. Rome admirait alors et cherchait à imiter la Grèce. Aussi Caton, l'énergique défenseur du droit civil et héroïque, reprochait-il aux femmes romaines des mœurs grecques et asiatiques : *Et jam in Græciam Asiamque transcendimus... Jam nimis multos audio Corinthi et Athenarum laudantes mirantesque...* (2). Dès lors, le mot *dot* prit place dans la langue juridique de Rome, et désigna d'abord les biens de la femme *in manu*.

Bientôt les femmes trouvèrent le moyen de se soustraire au régime de la *manus*.

La loi des Douze Tables avait permis le mariage par le simple consentement, *mero consensu*, sans formalités de confarréation ni de coemption. Dénué des formalités du vieux droit civil et quiritaire, le mariage ne fut considéré que comme un contrat du droit des gens; il ne produisit pas l'effet civil et éminemment romain de transporter au mari la propriété de la femme et de ses biens. On assimila la femme à une chose mobilière *mancipi* qui avait été livrée sans les rites sacramentels de la mancipation. Il fallut donc qu'elle fût possédée pendant une année entière par

(1) Saumaise, *De modo usur.*, cap. IV.
(2) *Voy.* son discours dans Tite-Live, XXXIV, 1.

le mari, pour qu'elle lui fût acquise par l'usucapion, autre mode d'acquisition qui produisait les effets de la mancipation (1). Mais la 43e loi des Douze Tables avait laissé à la femme un moyen d'échapper à cette usucapion : c'était de s'éloigner de la maison conjugale pendant trois nuits de suite, *usurpatum ire trinoctio*. Alors sa personne et ses biens, autres que ceux qu'elle avait volontairement apportés au mari pour l'aider à supporter les charges du mariage, restaient libres. Les femmes ne manquèrent presque jamais d'interrompre l'usucapion pour se soustraire à la puissance des maris. On appela *matresfamilias* celles qui étaient passées *in manu*, et *matronæ*, celles qui avaient préféré le mariage libre (2).

On étendit le mot *dot* aux biens apportés par la matrone au mari pour supporter les charges du mariage ; les biens restés en dehors de cet apport s'appelèrent *parapherna*. Dès lors les biens de la *materfamilias* et ceux apportés par la matrone au mari furent désignés par l'expression générale de *dot*.

Cicéron atteste cet état de choses dans cette phrase de ses *Topiques*, chap. IV : *Cum mulier viro in manum convenit, omnia quæ mulieris fuerunt, viri fiunt dotis nomine.*

Plaute, qui écrivait ses comédies deux cents ans avant l'ère chrétienne et longtemps avant Cicéron, emploie le mot *dot* comme une expression générale, qui désigne le bien de la femme, même de celle qui n'est pas encore mariée (3).

---

(1) *Quædam, si credis consultis, mancipat usus.*

                       HORACE, *Epist.* 2, v. 2.

(2) Aulu-Gelle, xviii, 6.

(3) *... Ire in matrimonium sine dote.* (*Trinum.*, act. 3, sc. 2 et 3.)
Virginem habeo grandem, dote cassam atque illocabilem.
Dummodo morata recte veniat, dotata est satis. (*Aulul.*, act. 2, sc. 2.)

Il est donc certain que le mot *dot* désignait les biens de la
materfamilias, tout comme ceux que la matrone avait apportés à son mari. Tout le monde est à peu près d'accord
à cet égard ; mais on ne l'est plus quand il s'agit de décider
si cette dot était sujette à restitution. Les uns ne recon-
naissent la possibilité d'une dot qu'aux deux conditions
suivantes : 1° mariage libre entraînant virtuellement séparation des patrimoines des époux ; 2° apport direct par la
femme entouré de garanties particulières ; ils pensent que
la phrase de Cicéron ne s'applique qu'à une dot nominale et
non sujette à restitution (1). Les autres entendent le mot
dot dans un sens beaucoup plus large ; ils croient qu'elle était
sujette à restitution (2). Cette dernière opinion me paraît la
seule vraie, la seule aussi avec laquelle on puisse expliquer
l'établissement du régime dotal, les droits du mari sur la
dot du mariage libre et le caractère de l'action *rei uxoriæ*.
Le régime de la *manus*, absorbant la personne et les biens
de la femme au profit du mari, était incompatible avec le
divorce. Cette espèce de mort civile ne se comprend que
tout autant que la femme doit toujours rester dans la famille
du mari. Le divorce, en entrant dans les habitudes des
Romains, devait modifier ce régime et entraîner bientôt sa
ruine ; c'est ce qui arriva par l'établissement des *cautiones*
et des *actiones rei uxoriæ*, qui s'appliquèrent d'abord aux
biens de la femme *in manu*. Le mariage libre et la consti-

(1) Hasse, *De manu jur. rom. antiq. comment.*; Danz, *Lehrbuch der
Geschichte des Romischen Rechts*, p. 153.
(2) Tigerström, § 3, note 5; Rudorff sur Puchta, p. 130, note *a*.
— M. Pellat, professeur de Pandectes à la faculté de Paris, pose la
question, mais ne se prononce pas. Après avoir cité la phrase de
Cicéron, il ajoute : « La dot de la femme se composait donc alors
nécessairement de tous ses biens. A quelles conditions était-elle
soumise ? Les documents nous manquent sur ce point. » (*Textes sur
la dot*, p. 336.)

lution de dot ne vinrent que plus tard. La dot du mariage libre fut calquée sur celle du mariage avec *manus*, et devait porter longtemps la profonde empreinte de ce régime. Pour se maintenir, autant que possible, dans les traditions de la *manus*, on s'efforça d'éluder la séparation des biens, qui résultait forcément du mariage libre, puisque la femme, n'étant plus mancipée au mari, ne devenait plus sa propriété corps et biens (1).

La dot paraît n'avoir été constituée d'abord que d'une seule manière, par la *dation* au mari des objets apportés en dot (2). La constitution dotale ne fut pas un contrat spécial et proprement dit. On employa, comme pour la donation, les actes d'aliénation reconnus par le droit civil : la mancipation ou la cession juridique, pour les choses *mancipi* mobilières ou immobilières ; la cession juridique ou la tradition, pour les choses *nec mancipi* mobilières ; la tradition seulement, pour les choses *nec mancipi* immobilières (fonds provinciaux auxquels n'avait pas été concédé le *jus italicum*). Tous ces actes, à l'exception du dernier, transféraient la propriété romaine, *dominium ex jure Quiritium*, et rendaient le mari propriétaire sur-le-champ. Les créances, choses incorporelles, n'étaient susceptibles ni de tradition, ni de mancipation, ni de cession juridique. On les constitua en dot en employant le moyen usité pour les transporter à autrui, l'expédient du mandat ; le créancier

----

(1) Tous les auteurs qui ont écrit sur cette matière constatent cette séparation des biens, qui est d'ailleurs évidente. *Voy* MM. d'Haussailhe, *Du régime dotal*, dans la *Rev. de législ.*, t. 7, p 305; Ginoulhiac, *Hist. du rég. dot.*, p. 8 ; Neuville, *Rev. de législ.*, 1849, 1re part., p. 309 et suiv.

(2) C'est ce qui me paraît résulter du § 63, *Comm.* 11 *Instit.* de Gaïus. Le jurisconsulte n'y fait aucune allusion à la constitution de dot par la *dictio* ou la *promissio*.

céda ses actions au mari et le constitua *procurator in rem suam dotis causa.*

On explique ce transport de propriété en disant qu'il fut une nécessité du formalisme romain. Il y en a peut-être une meilleure raison. Je crois que les prudents voulurent respecter les habitudes nationales et maintenir, autant que possible, le mariage libre dans les principes de la *manus.* On n'a peut-être pas assez réfléchi que le droit romain n'avait d'abord emprunté que le mot *dot* au droit grec, et qu'il avait répudié le surplus, pour ne pas contrarier les mœurs publiques. Ainsi, contrairement au droit athénien, les Romains firent du mari un propriétaire de la dot, et ils voulurent que cette dot ne fût restituable que lorsqu'elle serait nécessaire à la femme. Ces deux points furent autant de restes de la *manus* appliqués à la dot du mariage libre : on construisit un nouvel édifice avec les matériaux de l'ancien. Cette fusion est éclatante dans l'action *rei uxoriæ.* On sait que cette action fut d'abord accordée à la *materfamilias* pour la restitution de sa dot ou de ses biens après le divorce ; elle eut pour objet d'empêcher la femme de se trouver sans ressource en sortant de la famille du mari par le divorce ; elle lui fut donc personnelle. On transporta cette action dans le mariage libre, et on l'adapta à la dot de la matrone, qui fut ainsi considérée comme une ressource personnelle à la femme. Le caractère personnel de l'action en restitution conduisit à une autre conséquence bien remarquable : c'est que la dot était restituable seulement après la dissolution du mariage par le divorce ou la mort du mari. Lorsque le mariage était dissous par la mort de la femme, le mari n'avait rien à restituer à ses héritiers, et l'on disait alors qu'il retenait ou qu'il gagnait la dot. La restitution de la dot à la matrone survivante remplaçait le droit de succession accordé à la *materfamilias.*

C'est ainsi qu'en rendant le mari propriétaire par un

expédient particulier à la constitution de dot, on parvint à se maintenir dans les anciennes traditions, à faire entrer la dot dans le patrimoine du mari, à rétablir, quant à elle, la confusion des patrimoines, et à éluder la séparation des biens, qui était la conséquence logique du mariage libre. Ici le droit romain fut illogique pour rester national.

Nous allons le voir lutter contre cette anomalie dans le chapitre suivant.

CHAPITRE II.

LOIS D'AUGUSTE. — DROIT DES JURISCONSULTES.

La première loi qui vint restreindre le droit du mari sur la dot fut le célèbre plébiscite qu'Auguste fit voter dans les comices par tribus, l'an 737 de la fondation de Rome, et qui est connu sous le nom de *lex* JULIA *de adulteriis et de fundo dotali.*

Les guerres civiles qui précédèrent l'établissement de l'empire avaient bouleversé la société romaine et décimé la population. Le célibat, le concubinat, l'adultère, le divorce, si cher et si facile aux Romains, dissolvaient l'empire et mettaient obstacle au développement de la population. Le trésor public était vide. Le mal était profond : Auguste voulut y porter remède par les lois.

Dans ce travail législatif, ce qui préoccupe le législateur, ce n'est pas précisément le droit de la femme : c'est un intérêt politique et social. Le but que les lois se proposent exige la conservation des dots, et c'est par occasion qu'elles font ressortir le droit de la femme, en séparant son patrimoine de celui du mari.

Comme toutes les lois anciennes, celles d'Auguste eurent

pour objet principal les mariages et la procréation des enfants légitimes. Ce fut même par là que le premier empereur voulut commencer ses réformes. Il proposa d'abord
une loi Julia *de maritandis ordinibus*. Mais l'adoption de
ce projet rencontra une opposition sérieuse. On fit remarquer que le principal obstacle au mariage, c'était la difficulté pour les maris de trouver des femmes pudiques (1).
Il fallut donc s'occuper d'abord de réprimer l'adultère, et
c'est ce que fit la loi dont je viens de parler. L'obstacle étant
levé, la loi *de maritandis ordinibus* fut également votée par
les comices.

Vers la fin de son règne, Auguste, voulant compléter son
œuvre, fit voter une troisième loi, la loi Papia Poppæa, que
les jurisconsultes romains désignent, en y réunissant la
précédente, sous le nom de *lex Julia et Papia*, ou *leges
caducariæ*, ou tout simplement *leges* (2).

Ainsi, peines contre l'adultère, faveur et dignité du mariage, obligation de doter et de restituer la dot après le
divorce ou la dissolution du mariage par le décès du mari,
afin qu'elle pût servir aux mariages subséquents, récom-
penses de la paternité et de la fécondité, incapacités de
recevoir contre les célibataires et les *orbi*, tels furent les
principaux moyens employés pour guérir le mal qui minait
l'empire.

Auguste n'attaqua pas le divorce dans son principe, mais
dans ses conséquences : il l'aurait tenté vainement. *Que
peuvent les lois sans les mœurs!* écrivait un poëte contemporain qui, par cette pensée profonde, se montrait plus

(1) *Jam vix ullæ inveniri possent pudicæ uxores.* — Dion Cassius,
liv. LIV.

(2) « Papia Poppæa quam senior Augustus, post Julias rogatio-
nes, incitandis cœlibum pœnis et augendo ærario sanxerat. » —
Tacite, *Annal.*, III, 25.

philosophe et plus législateur que le maître du monde (1).
L'obstacle au développement de la population était dans la
dépravation des mœurs ; le remède eût consisté dans l'in-
dissolubilité du mariage, si le sensualisme romain avait pu
l'accepter. Pour en venir là, il ne fallait rien moins qu'une
grande révolution morale qui vînt changer la face du monde
païen et en faire disparaître les hontes (2) ; il fallait que
le monde allât des dieux à Dieu. Le christianisme eut la
gloire, et il avait seul la puissance d'opérer ce miracle de
rénovation.

Loin de comprimer l'essor du mariage libre, les lois nou-
velles s'en emparèrent, l'organisèrent et le firent servir à
leurs vues réparatrices.

La dot était le principal signe du mariage libre. A l'avantage de faciliter les mariages, elle joignait celui de distinguer l'épouse de la concubine. La loi Julia *de maritandis
ordinibus* ne craignit pas de porter atteinte au principe de

(1) *Quid leges sine moribus,*
  Vanæ proficiunt !
          HORACE, *Ode* XXIV.

(2) Lampride atteste que, sous Alexandre Sévère, les gouverneurs
des provinces recevaient vingt livres d'argent et, quand ils n'é-
taient pas mariés, une concubine, *quod sine his esse non possent*,
ajoute le biographe. — V. M. Guizot, *Hist. de la civ. en Fr.*, t. 1,
2e leçon. — Quelle force pouvaient avoir les lois, quand l'administration supérieure était dans la nécessité de donner officiellement
un démenti à l'esprit qui les avait dictées! Le christianisme, en
agissant sur les consciences, et malgré ses préceptes de continence,
multiplia les mariages plus que les lois d'Auguste, qui ne pouvaient s'adresser qu'à des intérêts matériels; « et parce qu'on cher-
» chait alors sérieusement la perfection, il ne résulta aucun incon-
» vénient sensible de la loi de continence. La religion avait détruit
» ces passions que sans elle le célibat entretient parmi les hommes.
(Chabril, cité par Montesquieu, *Espr. des Lois*, liv. 23, ch. 21.)

la puissance paternelle en défendant aux pères ou aux ascendants paternels de mettre obstacle, sans raison légitime,
au mariage de leurs enfants ou petits-enfants placés sous
leur puissance. De plus, elle les obligea, sous peine de con-
trainte légale, à doter leurs filles ou petites-filles (1).

La loi Julia défendit au mari d'aliéner le fonds dotal ita-
lique sans le consentement de la femme. *Lege Julia de adulteriis*, dit Paul, *cavetur ne dotale prædium maritus alienet*.
(*Sent.* liv. 2, tit. 21, § 2.) Gaïus nous atteste ce point de droit
en termes presque identiques dans ses Inst., comm. 11, § 63.
Ces deux jurisconsultes ne disent pas un mot de la prohibition d'hypothéquer le fonds dotal avec ou sans le consentement de la femme.

Il est vrai que la loi 4, D. *De fundo dotali*, fait dire à
Gaïus que la loi Julia *prospexit ne id* (dotale prædium)
marito liceat obligare aut *alienare:*

Justinien, dans la L. un., § 15, *De rei ux. act.*, dit : « Lex
Julia fundi dotalis Italici alienationem prohibebat fieri a
marito non consentiente muliere, *hypothecam autem nec si*

(1) Ulpien, *Règles*, VI, 2; LL. 19, D. *De ritu nupt.*; 52, D. *De adm.
et per. tut.*; 60 et 61, D. *De jur. dot.* — Telle fut l'origine de l'obligation de doter qui eut tant d'importance dans l'ancien droit écrit.
Elle y fut un véritable non-sens. Sa conservation ne peut s'expliquer que par la puissance des traditions et la manie d'appliquer les
lois romaines sans examiner si elles avaient encore leur raison
d'être. Le droit coutumier la repoussa en proclamant la maxime
contraire : *Ne dote qui ne veut*. Les rédacteurs du Code Napoléon
l'ont repoussée à leur tour (art. 204), et ils ont eu mille fois raison.
Le mariage étant l'état normal de l'homme, il y a sans doute obligation naturelle ou devoir moral pour le chef de famille de marier
ses enfants et de les doter. Mais, comme le fait remarquer Montesquieu (*Espr. des Lois*, liv. 23, ch. 7), il est d'institution ordinaire
que le père marie ses enfants. Sa prudence à cet égard est au-dessus
des lois.

— 18 —

mulier consentiebat. » Il reproduit cette affirmation dans ses Inst. pr. *Quib. alien. licet vel non.*

Sur la foi de ces textes, tous les interprètes, depuis Cujas jusqu'à M. Ortolan, avaient pensé que la loi Julia défendait au mari d'hypothéquer le fonds dotal, même avec le consentement de la femme. Cujas avait même donné sur la différence de ces deux prohibitions une explication qui est restée célèbre : « Ratio diversitatis hæc est: quia facilius mulier consentit obligationi fundi dotalis quam alienationi ; nam obligatio non mutat dominium rei, et nimiam facilitatem lex refrenare voluit. » (Ad § ult. C. *De rei ux. act.*) Vinnius a reproduit cette doctrine du grand maître (Instit. comment. lib. 2, tit. viii, n° 8.). Il est juste de dire que Théophile, dans sa paraphrase des Institutes de Justinien, dont il fut un des rédacteurs, avait touché cette raison. Il en ajoutait une autre qui a bien sa valeur : c'est que, par la vente, la femme reçoit un prix qui est l'équivalent de son fonds, tandis que, par l'hypothèque, elle perd ce fonds sans aucune compensation.

Mais, dans ces derniers temps, on s'est demandé s'il était bien vrai que la L. Julia eût défendu l'hypothèque du fonds dotal. Voici à quelle occasion cette question a été soulevée :

Un savant jurisconsulte allemand, M. Bachofen, a cherché à déterminer le sens des mots *obligare prædium dotale*, employés dans la loi 4., D. *De fundo dotali.* En les rapprochant du § 15, *De rei ux. act.*, et du proœmium des Inst., *quib. al. lic.*, on pourrait être tenté de croire qu'ils signifient *hypothéquer le fonds dotal.* Mais le mot *hypothèque* est grec ; il n'était pas encore connu des Romains, lorsque la L. Julia fut votée, ni lorsque Gaïus écrivait le fragment devenu la loi 4, *De fundo dot.* Le droit romain en était encore à la *fiducia* ; du temps de Gaïus, il arrivait au *pignus* (1).

(1) *Pignoratæ res,* dit Gaïus, L. 15, *de dote prælcg.*

C'est déjà une preuve que les commissaires de Justinien ont commis une grave inexactitude, quand ils ont affirmé que la L. Julia *prohibebat hypothecam fundi dotalis.* Est-ce à dire que Tribonien ait interpolé la loi 4, *De fundo dot.*, pour la mettre d'accord avec le § 15, *De rei ux. act.?* M. Bachofen ne le croit pas, parce que les mots *obligare prædium* avaient, du temps d'Auguste et de Gaïus, un sens technique. Celui qui devenait débiteur de l'État, par exemple, en se portant fermier de l'impôt, signait un acte dressé par le *quæstor ærarii*, dans lequel étaient désignés les *prædes* et les *prædia* qui répondaient pour lui : tous ses biens étaient obligés au profit de l'État, comme conséquence de l'engagement de sa personne. Voilà ce qu'on entendait par *obligare prædia.* Gaïus lui-même suppose que *rem obligatam sibi populus vendiderit.* (Inst. 1!, § 64). Il ajoute : *Qui mercatur a populo* prædiator *appellatur.* C'est cette *obligatio prædii dotalis* que, suivant M. Bachofen, la L. Julia aurait prohibée, même avec le consentement de la femme (1).

M. Demangeat n'admet pas cette interprétation (2). Il pense que la L. Julia ne prohibait que l'aliénation, et qu'elle était muette sur l'obligation du fonds dotal : il croit à une interpolation de la L. 4, *De fundo dot.*

En comparant ces deux opinions, on voit qu'au siècle d'Auguste, ce qui devint plus tard l'hypothèque était une aliénation atteinte par la prohibition de la L. Julia. En effet, le débiteur transférait la propriété à son créancier qui s'obligeait par un contrat de fiducie à la lui rétrocéder après sa libération. Mais il restait encore au mari la possibilité d'aliéner indirectement le fonds dotal, en le désignant parmi ses *prædia* dans l'acte par lequel il se constituait débiteur envers l'État. La L. Julia dut, à cause de l'impor-

(1) *Ausgewahlte Lehren,* p. 115.
(2) *De la condition du fonds dotal,* p. 210 et suiv.

tance de son but, s'efforcer d'être complète et fermer la
porte aux aliénations indirectes de la part du mari, sans le
consentement de la femme. Cette considération, corroborée
par les affirmations géminées de Justinien, affaiblit l'induc-
tion que M. Demangeat tire du silence de Gaïus et de Paul.

Au surplus, si la prohibition d'obliger le fonds dotal
n'existait pas dans la L. Julia, il faudrait admettre, avec
M. Demangeat lui-même, qu'elle résulta du S.-C. Velléien,
qui vint défendre plus tard aux femmes les intercessions ou
cautionnements, soit pour leur mari, soit pour des tiers.
Dans cette hypothèse, les commissaires de Justinien et
Cujas, qui a suivi leur foi, se seraient seulement trompés de
date en attribuant à la L. Julia ce qui résultait des principes
généraux du S.-C. Velléien. La fameuse distinction de
Théophile et de Cujas entre l'aliénation et l'hypothèque n'en
reste pas moins pleine de vérité. Le principe en avait été
posé par Ulpien interprétant le S.-C. Velléien : *Mulier se
facilius obligat quam alicui donat.* (L. 4, *Ad S.-C. Vell.*)

On peut aller plus loin, et faire remonter jusqu'au règne
d'Auguste la prohibition d'obliger le fonds dotal même avec
le consentement de la femme. En effet, si ce consentement
fut considéré comme une intercession indirecte, prohibée
par le Velléien, pourquoi n'aurait-il pas été, par la même
raison, frappé d'impuissance par l'édit d'Auguste, qui vint
défendre aux femmes *ne pro viris suis intercederent ?* (Ulpien, loi 2 pr. *Ad S.-C. Vell.*) N'est-il pas vraisemblable
que l'idée de cet édit reçut son application et passa dans la
L. Julia ?

Pour mettre plus d'ordre dans cette matière, je vais examiner : 1° ce que l'on entendait par *fonds dotal ;* 2° quelle
espèce d'aliénation était prohibée ; 3° quand commençait
et finissait la prohibition d'aliéner ; 4° par qui, quand et
comment pouvait être exercée l'action en revendication du
fonds dotal aliéné.

§ 1er. — *Qu'entendait-on par fonds dotal?*

Gaïus, qui écrivait environ 150 ans après le règne d'Auguste, nous apprend que, de son temps, la confarréation était pratiquée dans les mariages des prêtres diales et quirinaux, et que la coemption était encore en vigueur (Inst. 1, § 108 et suiv.). Ulpien, postérieur à Gaïus d'environ 50 ans, suppose très-clairement l'existence de la *conventio in manum* (*Règles*, XXII, 14, et XXVI, 7). Il y avait donc, à l'époque où fut votée la L. Julia, des femmes mariées sous le régime de la *manus*. Leur fonds était-il considéré comme dotal, et, comme tel, atteint par la L. Julia?

On sait qu'après l'établissement des *cautiones* et des *actiones rei uxoriæ*, tous les biens de la *materfamilias* furent appelés *dot*. Les commentateurs agitent la question de savoir si cette dot était sujette à restitution. Mais ce n'est là que la moitié de la difficulté. Il faut en élargir le cadre et se demander: 1° si la L. Julia, *de adulteriis*, n'étendit pas ses prohibitions au *prædium* de la *materfamilias*, comme à celui de la matrone; 2° si l'autre L. Julia, *de maritandis ordinibus*, n'imposa l'obligation de doter qu'aux parents de la femme qui voudraient l'établir dans le mariage libre.

Le but que se proposait Auguste avait une importance extrême et immense. Les deux lois Julia durent avoir et eurent en effet une portée générale. Pour en être convaincu, il suffit de lire ce qu'en dit Paul: « *Reipublicæ interest mu-* » *lieres dotes salvas habere, propter quas nubere possunt.* » (L. 2, *De jur. dot.*) Pomponius exprime la même idée en termes non moins énergiques: « *Dotium causa semper* » *et ubique præcipua est; nam et publice interest dotes* » *mulieribus conservari cum dotatas esse fœminas ad so-*

» bolem procreandam replendamque liberis civitatem
» maxime sit necessarium. » (L. 1, *Sol. matr.*) Certainement il importait autant à l'intérêt public de conserver le
fonds dotal de la *materfamilias* que celui de la matrone.
Soumises toutes au même but, les femmes durent l'être au
même moyen. Le but est bien connu : c'est le mariage. Le
moyen ne l'est pas moins : c'est la conservation des dots.
Ne faut-il pas voir dans ces mots : *dotes, dotium,* employés
par Paul et Pomponius, des expressions générales embras-
sant les deux dots : celle de la femme *in manu,* comme celle
de la femme du mariage libre?

On ne peut pas admettre non plus que la L. Julia, *de
maritandis ordinibus,* en imposant l'obligation de *doter,* ait
restreint ce mot à la dot du mariage libre ; il eût été trop
facile aux pères et aux autres ascendants d'éluder cette obligation, en disant : Notre fille veut être une *materfamilias*
et non une matrone ; nous n'avons rien à lui donner. Ici
encore la loi, qui voulait faciliter les mariages, devait entendre par *dot* un apport fait au mari, sans se préoccuper du
régime qui serait adopté.

Les effets de la constitution de dot étaient subordonnés à
la condition tacite de l'accomplissement du mariage. (LL.21,
41, § 1, et 68, D. *De jur. dot.*) Paul, contemporain d'Ulpien,
a dit dans ses *Sentences : Dos, ante nuptias data, earum
expectat adventum. (De dotibus,* XXI, B.) Ce mariage était-il
le mariage libre sans *conventio in manum ?* Le jurisconsulte
ne le dit pas, et son texte n'est point suspect d'altération
tribonienne. Le sens absolu de sa phrase est que si le mariage a lieu, quelles qu'en soient les formes, la constitution
de dot doit produire son effet. S'il n'y avait pas de dot dans
le régime de la *manus,* si cette dot n'était pas sujette à restitution, il fallait expliquer que le mariage attendu était le
mariage libre ; il suffisait de dire : « Nuptiarum , *sine in*

» *manum conventione*, expectat adventum. » N'est-ce pas une preuve que le mariage, quel qu'il fût, faisait produire son effet à la constitution dotale ?

Ces considérations ne manquent pas de gravité ; et cependant elles ne sont pas sans objection. Voici celle qui se présente naturellement. Si l'on admet qu'après l'établissement des *cautiones*, le bien de la *materfamilias* fut une dot sujette à restitution, il faut admettre aussi que le régime de la *manus* aurait dû disparaître rapidement. La femme trouvant dans la restitution de son bien des ressources suffisantes, il n'y avait plus de raison pour lui donner la place d'une fille et d'un héritier sien dans la famille du mari. Il est inadmissible qu'elle eût cumulativement sa dot et un droit de succession. Or, il est certain que du temps d'Ulpien et de Paul, qui écrivaient environ 200 ans après le règne d'Auguste, la coemption était encore pratiquée, et la femme *coempta* était au nombre des héritiers siens du mari décédé dans le mariage. Ulpien dit en effet : « Sui autem heredes sunt liberi quos in potestate habemus...; *item uxor quæ in manu est.* » (*Règles*, xxii, 14.)

Il y a là un problème digne d'exciter les recherches et les méditations des commentateurs. Non-seulement les documents nous manquent, mais encore ceux qui nous sont parvenus, en petit nombre, semblent se contrarier.

Les jurisconsultes romains désignent par les mots *fonds dotal*, en ayant égard à la nature des choses, les immeubles, tant urbains que ruraux ; les édifices comme les terres, soit qu'on les considère en tout ou en partie, soit qu'on s'attache aux droits réels, qui sont un démembrement de la propriété. (L. 13, D. *De fundo dot.*)

Ainsi, la servitude réelle due au fonds dotal, étant une qualité de ce fonds et en faisant partie, est comprise dans la prohibition de la L. Julia. Elle ne pouvait pas s'éteindre par la cession juridique du mari, ni par le non-usage, ni par l'*usucapio libertatis*, à moins que cette *usucapio* n'eût commencé avant la dotalité. Mais la servitude s'éteignait par la confusion, lorsqu'elle était due au fonds dotal par un immeuble du mari : c'était une application de la maxime : *Nemini res sua servit ;* car si le mari ne peut pas aliéner le fonds dotal sans le consentement de la femme, ce n'est point parce qu'il n'en est pas propriétaire, mais quoiqu'il en soit propriétaire, *quamvis ipsius sit*, dit Gaïus. (*Inst.* 11, § 63.) Toutefois cette confusion n'est que temporaire ; le mari devra restituer la servitude en restituant le fonds dotal. (LL. 5, 6 et 7, D. *De fundo dot.*)

L'usufruit est la plus importante des servitudes personnelles : *Inter personales servitutes eminet*, dit Wolff. Faut-il lui appliquer les mêmes règles qu'à la servitude prédiale ?

Il faut distinguer si c'est le mari ou le constituant qui est propriétaire du fonds dont l'usufruit est constitué en dot. La première hypothèse est résolue par Tryphoninus dans le pr. et le § 1 de la loi 78 *De jur. dot.* : l'usufruit s'éteindra par confusion ou par consolidation, si le mari devient propriétaire du fonds après la constitution dotale ; il sera d'ailleurs rétabli, comme la servitude réelle, quand arrivera le moment de restituer la dot. Mais *quid* si l'usufruit est constitué en dot sur un fonds appartenant à la femme ? Cette seconde hypothèse est prévue par le § 2 de la même loi. Le mari pourra-t-il le laisser éteindre par le non-usage pendant deux ans ? Pourra-t-il le céder *in jus* ? La loi Julia n'y met pas obstacle comme pour la servitude. Ses dispositions ne s'appliquent qu'au *prædium dotale*. Or, l'usufruit n'enlève rien au fonds dotal ; au contraire, il est un bénéfice pour la femme, si bien que son extinction tombe dans l'application des règles qui prohibent les donations entre époux. (L. 5, § 6, *De don. int. vir. et ux.*)

Le fonds constitué *a non domino* n'en était pas moins dotal. Le mari, l'ayant reçu comme tel, ne pouvait l'aliéner que comme tel avec le consentement de la femme. En effet, la prohibition d'aliéner avait pour objet d'assurer la restitution du fonds dotal ; or, la femme qui s'était constitué en dot la chose d'autrui, n'en avait pas moins l'action en restitution, et le mari ne pouvait pas invoquer cette circonstance pour se dispenser de restituer la dot.

La prohibition ne s'applique pas au fonds dotal estimé : l'estimation vaut vente, et le mari n'est débiteur que du prix. Il en est autrement lorsque l'estimation n'a été faite que *taxationis causâ*.

Si la constitution dotale comprenait ce que le mari devait, le mari étant débiteur d'un fonds, ce fonds était dotal et inaliénable. Si le mari était débiteur sous une alternative, on appliquait les principes qui régissaient les obligations de cette nature (LL. 9, 10 et 11, D. *De fundo dot.*)

De quelque manière qu'un fonds fût parvenu au mari, pourvu que ce fût en vertu d'une constitution de dot préexistante ou en vue d'une constitution de dot actuelle, il était dotal et, comme tel, atteint par les prohibitions de la loi. Ainsi, le fonds acquis au mari par le moyen de l'esclave dotal est lui-même dotal. La dotalité de l'esclave devient ce qu'on appelle une *causa rei dotalis*. (L. 3, *De fundo dot.*)

Les trois hypothèses prévues par la L. 14, § 3, *De fundo dot.*, ne sont qu'une application de cette règle : 1° le mari a été institué héritier par un testateur qui a légué un fonds à la femme ; 2° la femme a été instituée héritière en première ligne, et le mari lui a été vulgairement substitué ; 3° le testateur a légué un fonds à la femme et lui a encore vulgairement substitué le mari. Dans tous ces cas, la renonciation faite par la femme *dotis causâ*, en vue de se constituer une dot par l'avantage qui en résultait pour le mari, rendait dotal et inaliénable le fonds compris dans le legs ou dans l'institution d'héritier.

§ II. — *Quelle espèce d'aliénation était prohibé.*

La L. 1, C. *De fundo dot.* définit l'aliénation : *Omnis actus per quem dominium transfertur.*

On distinguait l'aliénation *volontaire* et l'aliénation *nécessaire.* Papinien caractérise l'aliénation nécessaire en disa*.*t que *vetustiorem causam et originem juris habet necess. iam.* (L. 13, *Fam. ercisc.*). La prohibition de la L. Julia ne s'appliquait qu'à l'aliénation volontaire. La L. 1, D. *De fundo dot.*, est une application de cette distinction entre les deux espèces d'aliénation.

Paul assimile la prescription à une aliénation, en ces termes : *Alienationis verbum etiam usucapionem continet ; vix est enim ut non videatur alienare qui patitur usucapi.* (L. 28, *De verb. signif.*) Tryphoninus, dans la L. 16, *De fundo dot.*, met cette règle en face de la prohibition de la L. Julia, dans l'espèce suivante : une femme s'était constitué en dot, par mancipation ou cession juridique, un fonds possédé par un tiers. Le mari avait négligé de revendiquer ce fonds, et le temps de l'usucapion s'était accompli. Le tiers avait-il usucapé ? Oui, répond le jurisconsulte : car, quoique la loi Julia s'applique à cette espèce d'acquisition, cependant elle n'empêche pas l'usucapion commencée avant que le fonds fût constitué en dot. Quelle est la raison de cette raison ? Puisque celui qui laisse usucaper ressemble à celui qui aliène, comment se fait-il que la constitution de dot ou la dotalité ne mette pas obstacle au cours de l'usucapion ?

Trois explications sont données.

M. Bachofen pense qu'ici le principe de l'aliénation qui résultait de l'usucapion remontant à une époque antérieure à la constitution de dot, il y avait lieu d'appliquer la règle de Papinien (L. 13, *Famil. ereisc.*), et de dire que cette aliénation *vetustiorem causam et originem juris habet necessariam.*

M. de Savigny explique la loi 16 en distinguant entre les faits positifs et les faits négatifs du mari. L'usucapion n'est considérée comme une aliénation et n'est atteinte par la loi Julia que lorsqu'elle procède d'un fait positif. Ainsi, lorsque le mari aliène le fonds dotal, l'acquéreur ne peut pas usucaper. Comment la loi qui réprouve l'aliénation viendrait-elle la consolider par l'usucapion? Mais, quand le point de départ de l'usucapion ne procède pas du fait du mari, le possesseur peut usucaper alors même que l'usucapion n'aurait commencé qu'après la constitution de dot.

Ce système mérite de fixer l'attention : nous en retrouverons l'application dans le droit moderne.

M. Demangeat propose une troisième explication. Si la constitution de dot et la prohibition d'aliéner n'empêchent pas le cours de l'usucapion, c'est parce que, suivant les principes du droit romain, l'usucapion n'était interrompue que par la perte de la possession.

La distinction entre l'aliénation volontaire et l'aliénation nécessaire recevait une application remarquable en matière de partage. On sait qu'en droit romain le partage est attributif de propriété et considéré comme une aliénation. Lorsque la constitution dotale comprenait une part indivise d'un fonds, le mari ne pouvait pas seul demander le partage sans le concours de la femme, mais il pouvait seul y défendre. (L. 2, C. *De fundo dot.*) Dans le premier cas, l'aliénation est considérée comme volontaire ; dans le second, comme nécessaire.

Une seconde exception à la prohibition d'aliéner avait lieu lorsque le mari n'obtempérant pas à la demande d'un voisin tendant à obtenir la caution *damni infecti,* ce voisin, envoyé en possession du fonds dotal par le juge, avait fini par en devenir propriétaire. (L. 1, C. *De fundo dot.*)

La théorie qui faisait durer la propriété du mari et la do-

talité jusqu'à la restitution du fonds dotal avait donné lieu
à une troisième exception fort curieuse.

Lorsque le mari décédait avant d'avoir restitué la dot, le
fonds dotal ne revenait pas de plein droit à la femme; il
passait à l'héritier du mari; et cette transmission, qui avait
pour cause un fait de force majeure, le décès du mari, était
considérée comme une aliénation nécessaire, à laquelle la
L. Julia ne mettait pas obstacle. Les jurisconsultes romains
avaient sauvé le principe de l'inaliénabilité par celui qui do-
minait les transmissions universelles. L'héritier, le successeur prennent les biens avec leurs charges, la masse passive comme la masse active. Dès lors, ils reçoivent le fonds
dotal avec la prohibition de l'aliéner et avec la charge de le
restituer. Paul expose cette théorie dans les lois 62, *De
acq. rer. dom.*, et 1, § 1, *De fundo dot.* Ulpien, dans la loi 2,
De fundo dot., ajoute deux autres cas de transmission du
fonds dotal *per universitatem* : 1° lorsque le mari étant devenu esclave, ses biens, y compris le fonds dotal, ont été dévolus à son maître; 2° lorsqu'il a subi la grande ou la
moyenne diminution de tête, peines qui entraînent la con-
fiscation de tous les biens au profit du fisc. A ces trois
modes de transmission universelle il faut encore ajouter
la *venditio bonorum*, l'adrogation et la mise en société de
tous biens.

§ III. — *Quand commence et finit la prohibition d'aliéner.*

Les principes du droit romain à cet égard se rattachent
à l'origine de la dot. La prohibition d'aliéner le fonds dotal
fut établie dans l'intérêt de la femme : elle eut pour objet
de lui assurer la restitution du fonds dotal et l'efficacité de
l'*actio rei uxoriæ*. De là cette règle posée par Paul : l'aliénation est défendue toutes les fois que l'action de dot ap-

partient ou doit appartenir à la femme. (L. 31, § 1, *De fundo dot.*)

La loi 4, D. *De fundo dot.*, est une application de cette règle. Une femme ayant arrêté son mariage avec Titius, lui transfère, *dotis causâ*, la propriété du fonds Cornélien. Titius n'étant pas encore mari, peut-on dire que le fonds n'est pas dotal, ni atteint par la prohibition de la loi? Nullement. Titius ne peut pas avoir plus de droits avant qu'après le mariage. Le fonds est considéré comme dotal et inaliénable à partir du jour où la propriété en a été transférée au futur mari : *Quo primum dotale prædium constitutum est*, dit Ulpien (loi 5, *Sol. matr.*); ce qui ne veut pas dire du jour de la constitution de dot par diction ou par promesse, mais du moment où s'est passé le fait juridique qui a transporté la propriété au mari, *id est*, *traditâ possessione*. Ulpien exprime le même principe dans le § 2 de la loi 13, *De fundo dot :* « Dotale prædium sic accipimus cum dominium marito quæsitum est, ut tunc demum alienatio prohibeatur. »

Les principes étaient les mêmes lorsque, à la suite d'une simple tradition, le mari avait le fonds *in bonis*. Le fonds n'en était pas moins considéré comme dotal, et le mari comme en ayant le *dominium* depuis la tradition.

Le fonds ne cesse pas même d'être dotal après la dissolution de mariage. (Papinien, loi 12, *De fundo dot.*) C'est toujours l'application de la règle de Paul : tant que l'action en restitution appartient ou peut appartenir à la femme, la prohibition d'aliéner s'adresse à celui qui a été ou qui doit être son mari.

Il résulte de là que, pour déterminer le caractère dotal d'un fonds, les jurisconsultes romains ne considéraient pas s'il servait ou non aux charges du mariage; ils prenaient pour criterium la propriété du mari. Cette doctrine fut amenée par deux circonstances juridiques particulières

au droit romain : 1o la constitution do dot transférait la
propriété au mari, tantôt instantanément, tantôt par suite
d'un fait postérieur, la tradition ; 2o cette propriété se con-
tinuait après la dissolution du mariage, tant que le mari ou
son héritier ne l'avait pas rétrocédée à la femme par les ·
moyens juridiques, ou que le juge n'avait pas ordonné cette
rétrocession. La prohibition d'aliéner le fonds dotal fut
considérée comme un remède qui devait durer autant que
le mal, autant que la propriété du mari, et, par une ingé-
nieuse souplesse d'interprétation, les jurisconsultes pla-
cèrent la dotalité, c'est-à-dire l'inaliénabilité, à côté de
cette propriété.

§ IV.—*Effets de l'aliénation prohibée.* — *Par qui, quand et
comment la nullité peut en être demandée.*

L'aliénation qui était contraire à la prohibition de la loi
n'avait aucune valeur : *Venditio non valet*, dit Papinien
(Loi 42, *De usurpat.*).

Cependant, si la femme mourait dans le mariage et si le
mari gagnait la dot, la vente était confirmée. (LL. 17, *De
fundo dot.*, et 42., *De usurpat.*) Le mari ne pouvait donc pas,
après la dissolution du mariage, demander la nullité de
l'aliénation, ni revendiquer le fonds dotal.

Mais le pouvait-il pendant le mariage ? La femme le pouvait-elle ?

Wesembec pense que l'aliénation est valable vis-à-vis du
mari, et nulle seulement vis-à-vis de la femme (1). Dans ce
système, le mari ne peut pas demander la nullité de l'aliénation. Il ne pouvait pas d'ailleurs aller contre son propre fait :
Nemo proprio facto contravenire potest (l. 49, *Mandat, vel*

(1) *Comment. in Pand. De fundo dot., in fine.*

cont.) : *adversus factum suum movere controversiam prohibetur* (L. 25, *De adopt.*). C'est de ces deux textes que les anciens interprètes tirèrent la maxime : *Quem de evictione tenet actio, eumdem agentem repellet exceptio.* La doctrine de M. Bachofen conduit au même résultat, par des raisons qui, au fond, sont les mêmes. Le jurisconsulte allemand pense que la revendication du fonds dotal aliéné par le mari s'effectuait par un *judicium rescissorium*, dont la formule fictive devait être conçue à peu près en ces termes : *Rescissâ alienatione quasi jus alienandi mariti non fuerit.* Il en conclut que le mari ne pouvait pas être admis à faire rescinder une aliénation qu'il avait consentie (1).

Arrivant au droit de la femme, M. Bachofen professe une doctrine particulière qui peut se résumer ainsi : d'après la nature de l'*obligatio dotalis*, c'est la femme qui a le droit, et le mari qui est tenu : la femme seule, quoique n'étant pas propriétaire, a le droit, après avoir fait résoudre l'aliénation consentie par le mari, d'intenter une action *in rem* contre le tiers acquéreur, sans être obligée d'attendre la dissolution du mariage et l'ouverture de son action *de dote*. Cette opinion se fonde sur les LL. 77, § 5, *De legat.* 2°, et 13, § 3, *De fundo dot.*, dans lesquelles Papinien et Ulpien parlent uniquement de l'action de la femme, sans mentionner celle du mari. Cujas enseignait aussi que l'action de la femme et de son héritier était rescisoire : « Perinde ac mulieri, heredi ejus idem auxilium præstatur, puta repetitio vel vindicatio prædii alienati, vindicatio rescissoria alienationis (2). »

(1) *Ausgewahlte Lehren*, p. 107.—Glück (*Ausführliche Erlauterung der Pandekten*, t. 25, p. 402), et M. Demangeat (*De la condit. du fonds dot.*, p. 389), enseignent une doctrine contraire, par le motif que la nullité étant absolue, le mari propriétaire peut l'invoquer.
(2) In lib. 1 Papiniani, de adulteriis, ad l. 12, *De fundo dot.*

MM. Burdet (1), Glück (2), de Vangerow (3) et Demangeat
pensent, au contraire, que, pour la femme, l'action en nullité de l'aliénation se lie d'une manière intime à l'action
de dote, qu'elle ne peut être exercée que lorsque l'action
en restitution de la dot s'est ouverte. Ces deux derniers
jurisconsultes combattent l'opinion de M. Bachofen, et
soutiennent que, loin de pouvoir faire résoudre l'aliénation par un *judicium rescissorium*, la femme doit, comme
pour la restitution de sa dot, se faire céder les droits et les
actions de son mari.

L'acheteur ou son ayant cause ne pouvait pas demander
la nullité de l'aliénation. L'inaliénabilité avait pour objet de
protéger la dot. Le droit de revendiquer le fonds dotal était
donc personnel à la femme; mais, à la différence du *privilegium inter personales actiones*, il était transmissible à ses
héritiers. (L. 13, § 3, *De fundo dot.*) Cette transmission n'a-
vait pas lieu dans tous les cas; il fallait que la femme eût
stipulé la restitution de sa dot, ou bien qu'en l'absence
d'une telle stipulation, elle eût survécu à la dissolution du
mariage et fût morte après avoir mis en demeure le mari
ou ses héritiers.

Le mari ne pouvait aliéner le fonds dotal sans le consentement de la femme, non pas parce qu'il n'en était point
propriétaire, mais quoiqu'il en fût propriétaire, *quamvis
ipsius sit*, dit Gaïus (Instit. 11, § 62). A plus forte raison
était-il propriétaire de la dot mobilière, puisque la L. Julia
ne lui défendait pas de l'aliéner sans le consentement de la
femme.

Mais quand les mariages libres furent devenus plus fré-
quents et la coemption plus rare, l'interprétation des ju-

(1) *Exposit. de la doctr. rom. sur le rég. dot.*, p. 173.
(2) *Ausführliche Erlauterung der Pandekten*, t. 25, p. 402.
(3, *Lehrbuch der Pandekten*, t. 1, § 217.

risconsultes, s'inspirant de la L. Julia, vint lutter contre les
effets translatifs de la constitution dotale. Les mœurs nationales avaient accepté le mariage libre, et Paul écrivait sa
célèbre phrase : *Reipublicœ interest mulieres dotes salvas
habere, propter quas nubere possunt.* On considéra que si
la constitution de dot rendait le mari propriétaire, ce droit
de propriété n'était pas pur et simple, que l'apport dotal
avait été fait *dotis causâ*, sous l'obligation de restituer éven-
tuellement la dot. Les effets juridiques de la constitution
dotale se trouvaient ainsi affaiblis par le principe et le but
de la dot. Le mari fut tenu de restituer identiquement et
en nature la dot non estimée ou qui ne consistait pas en
choses *quœ pondere, numero mensurâve constant* (1).

Les jurisconsultes romains ont caractérisé le droit du
mari et de la femme sur la dot dans les termes suivants :
pour le mari, *dos est in bonis mariti* (LL. 21, § 4, *Ad municip.*,
et 7, § 3, *De jure dot.*) ; *apud maritum dominium est ; dos est
mariti* (L. 75, D. *De jure dot.*) ; pour la femme, *dos ipsius
filiœ proprium patrimonium est* (LL. 3, § 5, *De minorib.*; 16; *De
relig.*); *dos mulieris est.* (LL. 71, *De evict.*, et 75, *De jure dot.*).
En présence de ces textes opposés, les anciens interprètes
se demandèrent lequel, du mari ou de la femme, est propriétaire de la dot : ils examinèrent cette question sans le secours des traditions historiques et se condamnèrent à
tourner indéfiniment dans le cercle vicieux de la thèse et de
l'antithèse. Les modernes ont eu le puissant auxiliaire des
études historiques ; ils ont établi leur doctrine sur la L. 75,
De jure dot., rapprochée de la L. 43, § 1. *De adm. et peric.
tut.*, où Paul dit que la femme *habet dotem.*

M. de Savigny résume son opinion en disant que la femme
a une propriété de fait et le mari une propriété de droit :

(1) Ulpien, *Règles*, vi, 8 ; M. Pellat, *Textes sur la dot.*, p. 16.

— 34 —

In facto potius quam in jure consistit (1). MM. Pellat (2) et Demangeat (3) reproduisent cette doctrine du savant romaniste de Berlin. « La *dotis datio*, dit M. Bachofen, implique une convention du genre *do ut facias :* le mari devient propriétaire sous l'obligation d'entretenir la femme avec les revenus de la chose. L'entretien de la femme est ainsi le but; le transport de la propriété au mari n'est que le moyen pour arriver à ce but; en d'autres termes, le *dominium mariti* est la forme sous laquelle la femme, pendant le mariage et conformément à la nature de cette union, profite de sa chose (4). »

Cujas, avec l'opinion duquel il faut toujours compter, avait établi sa doctrine en mêlant le droit du Bas-Empire à celui des jurisconsultes romains. Il avait vu que Justinien, dans la loi 30, C. *De jure dot.*, dit que les choses dotales restent naturellement la propriété de la femme, et il en avait conclu que la femme avait la propriété naturelle et le mari la propriété civile (5).

Quand on se demande ce que la propriété *de droit* ou *civile* prend à la propriété *de fait* ou *naturelle*, et réciproquement, on éprouve de sérieux embarras; on n'est pas beaucoup plus avancé que lorsque Tryphoninus vous a dit : *Dos, quamvis in bonis mariti sit, mulieris tamen est.* Les commentateurs modernes enseignent généralement que le mari,

(1) *Traité du dr. rom.*, t. II, p. 13, 14 et 115. —M. Troplong repousse cette doctrine en disant : « C'est le contraire qui est vrai ; et il faut être bien mal inspiré pour voir une propriété de fait là où toute la jouissance effective est entre les mains du mari » (n° 3008, note).

(2) *Textes sur la dot*, p. 48.

(3) *De la condit. du fonds dotal*, p. 12 et suiv.

(4) *Ausgewahlte Lehren*, p. 107.

(5) Sur la l. 30, C. *De jure dot.* Resp. Papin., t. I, p. 511, et *Pauli*, t. II, p. 6.

ayant le *dominium ex jure quiritium*, peut disposer de la dot mobilière. Ils invoquent les textes nombreux qui lui accordent le droit d'affranchir les esclaves dotaux, lorsqu'il est solvable ; ils en concluent qu'il a le droit de disposer de ces esclaves, et de cette conséquence ils arrivent à une autre : c'est qu'il a le droit de disposer de la dot mobilière. Les fragments qui nous sont parvenus ne mentionnent que ce pouvoir d'affranchissement. Glück fait remarquer que si les lois parlent spécialement de l'affranchissement des esclaves, et non des autres modes de disposition des meubles, c'est qu'il fallait, sur les conséquences de l'affranchissement, des décisions détaillées, ce qui était inapplicable aux autres cas (1). Les esclaves étaient du nombre des meubles les plus précieux ; si le mari pouvait les affranchir, à plus forte raison pouvait-il aliéner les autres meubles dotaux.

Un ancien commentateur, Gregorius Tholosanus, a nié que la dot mobilière fût aliénable par le mari, même dans le droit des jurisconsultes et avant les réformes de Justinien. Cette opinion prend son point de départ dans la règle que le mari doit restituer la dot identiquement et en nature : elle invoque ensuite la loi 25, § 1, *Sol. matr.*, qui déclare passible de l'action arbitraire le mari qui par son dol ou sa faute s'est mis dans l'impossibilité de restituer la dot.

CHAPITRE III.

JUSTINIEN. — SES RÉFORMES.

Quand Justinien parvint à l'empire, en 527, le christianisme s'était depuis longtemps assis sur le trône avec les

(1) Ausführliche Erläuterung der Pandekten, t. xxv, p. 152.

empereurs, soit en Orient, soit en Occident. Son esprit était tout opposé à celui des lois d'Auguste : loin de favoriser les secondes noces, il les supportait à peine. Une constitution des empereurs Gratien, Valentinien et Théodose, privait du droit de succéder à ses enfants du premier lit la mère qui avait eu le malheur de se remarier, *mater secundis nuptiis funestata.* (L. 3, § 1, C. *De secundis nuptiis.*) Qu'était donc devenue la célèbre règle de Paul : *Reipublicæ interest mulieres dotes salvas habere propter quas nubere possunt ?* Elle s'était maintenue ; mais son but s'était modifié. Les prohitions qui protégeaient la dot avaient désormais pour objet de la conserver comme une ressource sacrée pour la famille.

Le droit héroïque et quiritaire, ce vieux droit civil que Gaïus nous représente comme propre au génie de l'ancienne Rome, avait fait son temps : il n'avait plus sa raison d'être. Les idées de droit naturel et d'équité l'avaient tellement battu en brèche, qu'on ne le comprenait plus. Justinien l'abrogea. (L. un. C. *De nud. jur. quirit. toll.*). Avec lui devait disparaître aussi l'anomalie qui signalait tour à tour le mari et la femme comme propriétaires de la dot : elle était une réminiscence de l'antique *conventio in manum*, et n'apparaissait plus que comme un non-sens et une énigme juridique. Les solennités de la coemption et de la confarréation avaient disparu depuis longtemps. Les mariages étaient célébrés en présence de l'Église par la bénédiction du prêtre : ils étaient en même temps un lien civil et religieux.

Les empereurs chrétiens avaient opéré des réformes partielles pour mettre la législation romaine en harmonie avec la doctrine du christianisme. Justinien vint les compléter ; elles furent radicales quant à la dot, et l'empereur put intituler une de ses constitutions... : *De naturâ dotibus præstanda.* Il fut le fondateur du régime dotal.

Par une première constitution de l'année 529, devenue la loi 30, C. *De jure dot.*, Justinien] accorda à la femme : 1° une action en revendication de toutes les choses apportées en dot, mobilières ou immobilières, estimées ou non estimées (pourvu qu'elles existent) : *In rebus dotalibus, sive mobilibus, sive immobilibus, seu se moventibus (si tamen exstant), sive æstimatæ, sive inæstimatæ sint ;* 2° une action hypothécaire sur les mêmes choses, action qui rendait la femme préférable à tous les créanciers du mari antérieurs en hypothèque. L'empereur motive sa constitution en disant qu'en réalité la femme est restée propriétaire des choses apportées en dot : *Cum eædem res et ab initio uxoris fuerint et naturaliter in ejus permanserint dominio... Ex naturali jure ejusdem mulieris res esse intelligantur... quasi propriis.* Il appelle la propriété du mari sur les choses dotales UNE SUBTILITÉ DES LOIS : *legum subtilitate transitus earum in patrimonium mariti... secundum legum... subtilitatem ad mariti substantiam pervenisse.*

De toutes les lois de Justinien sur cette matière, celle-là est la plus importante; elle consacre d'une manière éclatante la séparation de biens qui est dans l'origine et la nature du régime dotal : elle fait de cette séparation une vérité en dégageant la dot des étreintes de la puissance maritale, contre laquelle le droit des jurisconsultes avait lutté pendant 500 ans. Le mari ne peut plus être considéré comme propriétaire de la dot non estimée ou qui ne consiste pas en choses *quæ pondere, numero mensurâve constant ;* il n'est qu'un administrateur. C'est le dernier coup porté au domaine du mari sur la dot. Justinien en déduit, pour la femme, le droit de revendication ou d'hypothèque sur les choses apportées en dot. Ce droit de suite a doublement contrarié les interprètes anciens et modernes : 1° en ce qu'il brise les actes du pouvoir marital sur la dot; 2° en ce qu'il est diamétralement opposé à la maxime de droit

3

germanique et coutumier : *Mobilia non habent sequelam.*
Ces idées ont trop souvent inspiré les commentaires de
la loi 30. Examinons-la telle qu'elle est en droit romain,
et non telle que la veulent les préoccupations du droit
coutumier.

1° *Droit de revendication.* — M. Demangeat admet bien
que la femme pourra revendiquer les meubles dotaux non
estimés, s'ils se trouvent entre les mains du mari ; mais il
lui refuse ce droit lorsqu'ils ont été aliénés et se trouvent
entre les mains des tiers. « Si les meubles dotaux, dit-il,
ont été aliénés par le mari, même sans le consentement
de la femme, comme l'aliénation est parfaitement valable,
ainsi qu'il résulte de la constitution de 530 (loi un., § 15,
C. *De rei ux. act.*), il m'est impossible de comprendre que
le tiers acquéreur, après avoir traité avec un homme qui
avait pouvoir d'aliéner, soit sous le coup d'une revendication (1). »

Je reconnais, comme M. Demangeat, que le pouvoir de
revendication chez la femme est incompatible avec le pouvoir d'aliénation chez le mari : c'est précisément cette in-
compatibilité qui me conduit à dénier au mari le droit
d'aliéner ce que la femme a le droit de revendiquer. L'opinion du savant professeur de la Faculté de Paris est une
négation absolue de la loi 30. En effet, cette loi renferme

(1) *De la condition du fonds dotal*, p. 97. — M. Demangeat se
fonde sur l'autorité de MM. Aubry et Rau, *Cours de droit civil
français*, t 4, p. 502. Il aurait pu invoquer encore celle de plusieurs autres jurisconsultes qui ont également écrit en droit français, et dont je discuterai les opinions quand j'en serai venu à notre
ancienne jurisprudence et au Code Napoléon. J'espère démontrer
que cette doctrine, qui a pour elle l'autorité de la cour de cassation,
est de droit germanique et coutumier, et qu'elle masque son origine sous une invocation de droit romain qu'elle s'efforce de faire
servir à ses vues.

deux chefs principaux : elle accorde une action en revendication ou une action hypothécaire à la femme, à son choix.
M. Demangeat admet que la femme a une action hypothécaire contre les tiers auxquels le mari a vendu les choses
apportées en dot. L'hypothèque est le droit de suite entre
les mains des tiers. L'action hypothécaire ne respecte donc
pas le prétendu pouvoir du mari. Il n'y a pas une si grande
différence entre l'une et l'autre action. Par la revendication,
le tiers rend la chose ; par l'hypothèque, il rend ou la chose,
ou sa valeur. Quand ce tiers aura échappé à la revendication, il restera placé dans l'action hypothécaire. Logiquement, il faut, dans le commentaire de la loi 30, admettre tout,
ou nier tout. On ne peut point placer la revendication dans
une condition spéciale et séparée de l'hypothèque, puisque
Justinien met les deux actions sur la même ligne et les
fait marcher de front.

Quand il s'agit de l'action hypothécaire, M. Demangeat
entend, et avec raison, les mots *si tamen exstant*, dans le
sens d'une existence matérielle, *in naturâ rerum*, et non
dans le sens d'une existence civile ; en d'autres termes, les
biens sont considérés comme *existants*, quoiqu'ils soient
passés entre les mains des tiers. Il se fonde sur la loi 50, D.
Sol. matr., à laquelle on peut ajouter la loi 55, D. *De don.
int. vir. et ux.* (1). Mais quand il s'agit de l'action en revendication, M. Demangeat s'arrête devant le pouvoir d'aliénation qu'il reconnaît au mari ; il refuse la revendication à
la femme contre les tiers ; il ne fait pas attention qu'il donne
forcément aux mots *si tamen exstant* un sens tout à fait opposé, puisque, dans son système, la revendication cesse
d'appartenir à la femme, dès que les biens ont été transmis
par le mari à des tiers et se trouvent en leur possession. Il

---

(1) M. Burdet, *Exposit. de la doct. rom. sur le rég. dot.*, p. 286,
enseigne la même doctrine.

n'y a pas, dans la loi 30, deux *si tamen exstant*, avec un sens différent, l'un pour l'action hypothécaire, l'autre pour l'action en revendication.

M. Demangeat persiste à reconnaître le mari propriétaire, après que Justinien a dit qu'il ne l'est pas, que c'est la femme qui l'est ; il est ainsi conduit à affirmer un pouvoir d'aliénation que repoussent l'action hypothécaire et l'action en revendication. Sans doute Justinien, après avoir qualifié la propriété du mari comme il l'a fait, et avoir accordé à la femme une double action qui est la négation du pouvoir d'aliénation, n'avait pas besoin de dire que le mari n'aurait pas le pouvoir d'aliéner. En supprimant la cause, on supprime aussi l'effet.

Le § 15, *De rei ux. act.*, ne dit pas ce que M. Demangeat lui fait dire. Justinien, parlant de la constitution d'Anastase, qui permettait aux femmes de renoncer à leur hypothèque, dit que cette loi doit être entendue en ce sens qu'elle permettait seulement la renonciation à l'hypothèque établie sur les biens du mari ou sur les biens dotaux estimés : *tamen eam intelligi oportet in rebus mariti, vel dotis quidem æstimatis, in quibus dominium et periculum mariti est.* Justinien n'a pas abrogé la règle : *Dos æstimata, dos vendita*, et je ne sache pas que personne ait contesté que le mari soit propriétaire et puisse disposer des choses estimées. Ulpien, dans la loi 10, *De jure dot.*, et l'empereur Alexandre, dans la constitution 5, C. *eod. tit.*, déclarent que le mari n'est débiteur que du prix d'estimation. Cette dernière loi assimile le mari à un acheteur, et ajoute qu'il peut retenir ces choses, pourvu qu'il en paye le prix : *Retinebit eas, si pecuniam tibi offeral.* Cependant notre loi 30 accorde, d'une manière générale et sans distinction, la revendication des choses non estimées comme de celles qui sont estimées. Est-ce à dire que Justinien ait abrogé la loi 5, C. *De jure dot.*, en tant qu'elle autorise le mari à retenir les choses estimées

— 41 —

en payant leur prix ? Je ne puis pas l'admettre. La loi 30, quand elle accorde la revendication des choses estimées, suppose, comme la loi 5, que le mari n'offre pas le prix d'estimation. C'est seulement sur les choses dotales non estimées, que Justinien nie la propriété du mari ; il la reconnaît formellement sur les choses estimées, dans le § 15, *De rei ux. act.*, qui vient ainsi expliquer la pensée de la loi 30. La revendication des choses estimées n'est donc que subsidiaire, soit contre le mari, soit contre les tiers. A l'égard de ceux-ci, la revendication subsidiaire ne diffère de l'action hypothécaire que par une nuance. Par l'action hypothécaire, les tiers, pour éviter l'éviction, doivent payer la valeur de la chose, tandis que, par l'action subsidiaire en revendication, ils doivent payer le prix d'estimation originaire. De plus, la revendication suppose la résolution de la vente qu'avait opérée l'estimation des choses apportées en dot. Les effets de cette estimation sont subordonnés à la condition résolutoire tacite que le mari payera le prix. Sous ce rapport, la vente résultant de l'estimation des choses apportées en dot diffère des ventes ordinaires, dans lesquelles la condition résolutoire n'était pas sous-entendue ; si cette condition n'était pas stipulée, le vendeur qui avait suivi la foi de l'acheteur, en lui accordant un terme, n'avait que l'action personnelle (1). La raison de cette différence était dans

(1) Ce qui était une rare exception en droit romain est devenu la règle en droit français. L'art. 1184 dispose que la condition résolutoire est toujours sous-entendue dans les contrats synallagmatiques. L'origine de cet article ne vient pas du sujet qui nous occupe. S'il en était ainsi, nous trouverions la condition résolutoire tacite dans la jurisprudence des parlements du Midi ; tandis que ces corps illustres, notamment le parlement de Toulouse, appliquaient le droit romain et ne sous-entendaient pas la résolution dans les ventes ordinaires. Ce furent les parlements de droit coutumier qui sous-

la faveur de la dot. Pour la conserver, le droit faisait souvent
fléchir la rigueur de ses principes ordinaires ; il annulait
les actes de la femme qui pouvaient compromettre sa dot,
notamment la novation de son action en restitution. La rescision de l'estimation et le rétablissement de l'action réelle
et en revendication, par l'accomplissement de la condition
si maritus pretium obtulerit, est une application de cette
théorie.

2° *Action hypothécaire.* — Dans le droit des Pandectes,
la femme avait une action privilégiée entre les actions personnelles. Mais cette action, étant personnelle, ne produisait aucun effet envers les créanciers du mari qui avaient
acquis des droits réels de gage ou d'hypothèque, ni vis-à-
vis des acquéreurs de ses biens. La femme était seulement
préférée aux créanciers qui n'avaient, comme elle, qu'une
action personnelle ; et encore fallait-il en excepter le fisc.
Elle n'était donc pas protégée suffisamment par cette action. Il est vrai qu'elle était protégée aussi par la prohibition absolue d'hypothéquer le fonds dotal. Mais là encore
le droit de la femme pouvait se trouver compromis.

En effet, la prohibition d'aliéner le fonds dotal ne s'appliquait qu'à l'aliénation *volontaire* ; elle ne comprenait pas
l'aliénation nécessaire. Il en était ainsi de l'hypothèque, quoiqu'elle fût considérée comme une aliénation d'une espèce
particulière ; elle grevait le fonds dotal toutes les fois
qu'elle était considérée comme nécessaire. On considérait

entendirent la condition résolutoire dans les contrats synallagmatiques : ils en empruntèrent l'idée à la théorie des contrats innom-
més, et à la *condictio causâ datâ, causâ non secutâ.* (*V.* Doneau, t. 8,
p. 788 ; Pothier, *de la Vente,* n° 470). La loi 30 donna lieu, en droit
écrit, à la *dotalité subsidiaire.* Lorsque le mari ne pouvait pas payer le
prix des objets constitués en dot avec estimation, on les considérait
comme subsidiairement dotaux.

comme telles les hypothèques légales , parce qu'elles éma-
naient de la volonté de la loi , et non de celle du mari.
Ainsi , lorsque Constantin eut accordé une hypothèque légale aux pupilles sur tous les biens présents et à venir de
leurs tuteurs , et aux mineurs de 25 ans sur ceux de leurs
curateurs , cette hypothèque , qui frappait même les biens
dotaux , primait la femme.

Justinien voulut remédier à ce mal par la loi 30, C.
De jure dot., en accordant à la femme une hypothèque
privilégiée sur toutes les choses apportées en dot , mobilières ou immobilières, estimées ou non estimées. Cette
hypothèque , accordée en même temps que la revendication , marcha de pair avec elle. La femme eut le droit
d'exercer, à son choix, soit l'action en revendication , soit
l'action hypothécaire, Par l'action en revendication , les
choses apportées en dot , même celles qui avaient été estimées, étaient considérées comme n'ayant pas cessé d'appartenir à la femme. Par l'action hypothécaire, ces mêmes
choses étaient considérées comme passées définitivement
en la propriété du mari ; la femme s'abstenait de les revendiquer, pour exercer sur elles un droit de gage et d'hypothèque préférable à tous les droits que le mari pouvait
avoir concédés à ses créanciers, même aux hypothèques
légales (1).

En 530 , Justinien accorda à la femme une hypothèque
générale et tacite sur tous les biens du mari. (L. un., § 1, C.
De rei ux. act.)

---

(1) On sait que la loi 30, C. *De jure dot.*, est encore en vigueur,
sous le Code Napoléon , quant au chef qui donne à la femme dont
les immeubles dotaux ont été aliénés soit une action hypothécaire,
soit une action en revendication. Cette jurisprudence , qui ne s'est
établie qu'après de vives controverses, vise la loi 30 et les art. 2121,
2135, 2193 C. N.

Enfin, en 531, il attacha à cette hypothèque un privilége personnel à la femme ou à ses descendants, qui ne passait pas à ses autres héritiers (1).

Avant cette dernière innovation, Justinien en avait établi une autre bien plus importante dans le § 15 de la L. un. *De rei ux. act.* Il avait déclaré le fonds dotal inaliénable d'une manière absolue, même avec le consentement de la femme.

Les garanties résultant d'une double hypothèque sur les choses apportées en dot et sur les biens du mari avaient paru insuffisantes à Justinien pour la conservation des dots. En effet, la femme, en consentant à l'aliénation du fonds dotal, ne renonçait-elle pas à son hypothèque sur ce fonds et au droit d'en évincer l'acquéreur? Dans le droit des jurisconsultes, elle ne pouvait point renoncer à son *privilegium inter personales actiones.* Il en fut ainsi jusqu'à l'année 508 (ou 517, suivant d'autres), époque à laquelle l'empereur Anastase, par une constitution devenue la loi 21, C. *Ad S.-C. Vell.*, permit à la femme de renoncer à son droit d'hypothèque, *juri hypothecarum sibi competenti.* Sous l'empire de cette loi, la femme qui consentait à l'aliénation du fonds dotal renonçait donc à son droit de revendication et d'hypothèque sur ce fonds, et si le mari

(1) L. 12, C. *Qui pot. in pign.* — Le droit athénien accordait aussi aux femmes une hypothèque privilégiée. (Samuel Petit, *Leges atticæ*, lib. 6, tit. 2, § 2.) Le parlement de Toulouse appliquait la loi *Assiduis* avec certains tempéraments dans l'intérêt des créanciers du mari, et telle était l'influence de sa jurisprudence en cette matière, que les rédacteurs du Code Napoléon ont cru devoir l'abroger spécialement par l'art. 1572. Les jurisconsultes modernes, sous l'influence des idées de crédit qui agitent notre époque, considèrent la loi romaine et la jurisprudence du second parlement de France comme une faveur exorbitante. Il faut savoir tenir compte de la différence des temps et des systèmes économiques.

ne possédait aucun bien, elle risquait de perdre le prix de
son immeuble aliéné. Ce fut pour empêcher ce résultat que
Justinien déclara la dot immobilière inaliénable, même
avec le consentement de la femme : *Ne consensu mulieris
hypothecæ ejus minuantur*, dit le § 15, *De rei ux. act*. L'empereur ajoute : *Ne (mulier) fragilitate naturæ suæ in repen-
tinam deducatur inopiam*. Il rappelle cette réforme dans
ses *Instit*. pr. *Quib. alien lic. vel non*, et il revient sur le
motif qui l'a inspirée : *Ne sexus muliebris fragilitas in
perniciem substantiæ earum converteretur*.

. Faut-il conclure de la généralité de ces motifs, et par
identité de raison, que Justinien défend à la femme de renoncer à son hypothèque privilégiée, en tant qu'elle porte
sur les meubles dotaux ? C'est ce que fait M. de Savigny, en
se fondant, de plus, sur ce que, dans le droit des jurisconsultes, la femme ne pouvait pas renoncer à son action privilégiée : « Sans doute, dit le célèbre professeur de Berlin,
la femme ne peut pas renoncer au droit de gage que la loi
lui donne pour ses répétitions dotales. (L. un., § 15, C. *De
rei ux. act*.) Cela résulte de cette règle qu'en matière de
droits dotaux, la condition de la femme ne peut être em-
pirée par contrat : *causa dotis pacto deterior fieri non potest* (1). »

M. Demangeat repousse cette opinion. Il fait remarquer
que Justinien ne parle que du fonds dotal, et il n'admet
pas qu'il fût interdit à la femme de renoncer à son hypothèque privilégiée, en tant qu'elle portait sur les meubles
dotaux ; il pense que Justinien s'est exprimé d'une manière
trop générale quand il a dit : *Ne consensu mulieris hypothecæ ejus minuantur* (2).

Dans le système de M. de Savigny, la femme ne peut pas

(1) *Traité de droit romain*, t. IV, § 149, note *h*.
(2) *De la condition du fonds dotal*, p. 37 et 38.

renoncer aux garanties que la loi lui accorde pour la répé-
tition de sa dot, et cette prohibition de renonciation s'applique à l'hypothèque dans toute son étendue, soit sur les
meubles ou immeubles dotaux, estimés ou non estimés,
soit sur les biens propres du mari. Il en résulte que la
constitution d'Anastase est entièrement abrogée par le
§ 15, *De rei ux. act.*; tandis que, dans le système de
M. Demangeat, elle est abrogée seulement quant à la faculté de renoncer à l'hypothèque privilégiée sur le fonds
dotal, et elle continue de subsister quant à l'hypothèque
simple qui appartient à la femme sur les biens du mari,
même sur les immeubles estimés.

Entre ces deux opinions contraires, celle du jurisconsulte
allemand me semble seule admissible. Et d'abord, on ne
peut pas contester que le droit des jurisconsultes défendît
à la femme de renoncer aux garanties légales qui lui assu-
raient la restitution de sa dot. La question n'est donc pas
de savoir si le § 15, *De rei ux. act.*, ne s'applique qu'au fonds
dotal, mais si Justinien, qui a tant fait pour les dots, n'a
pas entendu conserver aux femmes une garantie que lui
accordait l'ancien droit. Ainsi posée, la question est résolue. Les expressions que l'on trouve trop générales ex-
priment exactement la pensée de Justinien.

Par là se trouve résolue aussi une question réservée
plus haut, celle de savoir si, sous la législation de Justinien,
la dot mobilière est inaliénable? La femme ne pouvant pas
renoncer aux garanties hypothécaires que les lois lui accordaient pour ses répétitions dotales, on peut dire que la dot
mobilière était inaliénable, en ce sens que, par l'hypothèque,
la femme suivait les meubles dotaux, estimés ou non estimés, entre les mains des tiers, qui étaient tenus ou de les
lui abandonner, ou de lui en payer la valeur.

On est allé plus loin : on a soutenu que la femme, en
donnant son consentement à l'aliénation des meubles do-

taux, ne pouvait pas plus renoncer à son droit de revendication qu'à son droit d'hypothèque ; en d'autres termes, que Justinien avait étendu à la dot mobilière l'inaliénabilité de la dot immobilière. Justinien, après avoir consacré, dans sa novelle 61, § 3, l'inaliénabilité des immeubles compris dans la donation *propter nuptias*, ajoute : « *Et multo potius hæc in dote valebunt, si quid dotis aut alienetur aut supponatur : jam enim hæc sufficienter delimata atque sancita sunt.* Ici le législateur ne parle plus *de prædio* ou *fundo dotali, de rebus soli ;* il dit d'une manière générale : *si quid dotis alienetur.* On a ajouté que, dans la novelle 97, Justinien dit encore : *Dotem minui nullo sinimus modo.* Barthole, Baldus Novellus, Perezius (1), Schneidevin (2), Gregorius Tolosanus (3), conclurent de ces expressions que l'inaliénabilité s'appliquait aux meubles dotaux comme aux immeubles. Cette doctrine fut dominante parmi les jurisconsultes des xiv° et xv° siècles. Cujas ne l'admit pas, et son opinion devint une arme puissante entre les mains des germanistes.

Dans la partie finale de la L. 30, *De jure dot.*, Justinien décidait que la prescription courait contre la femme à partir du moment où elle aurait pu exercer ses actions dotales, c'est-à-dire à compter de la déconfiture du mari ou de la dissolution du mariage : *Omnis temporalis exceptio... mulieribus ex eo tempore apponatur ex quo possint actiones movere, id est, opulentis quidem maritis constitutis, post dissolutum matrimonium, minus autem idoneis, ex quo hoc infortunium eis illatum esse claruerit.* La pensée de Justinien est celle-ci : pendant le mariage et lorsque les affaires du mari ne sont pas dérangées, la femme ne peut pas agir

(1) *Prælec. in cod.*, liv. 5, tit. 23, n° 7.
(2) *Inst.*, li., 4, tit. 8, n° 10.
(3) *Syntagma juris*, liv. 9, tit. 22, n°° 13 et 14.

en restitution de sa dot; mais quand ses actions lui sont
ouvertes, la prescription court contre elle. Est-ce à dire
que Justinien ait entendu déclarer le fonds dotal prescrip-
tible ? Je ne le crois pas. Il y a ici deux ordres d'idées qu'il
ne faut pas confondre. Celui qui achetait le fonds dotal contrairement à la prohibition de la loi ne pouvait avoir la
juste cause nécessaire pour usucaper. La raison en est bien
simple : là où la loi prohibe l'aliénation et la déclare inefii-
cace, elle prohibe aussi, par le même motif, la transmission d'une cause d'usucapion. En effet, l'usucapion est un
moyen d'acquérir établi par la loi ; or la loi serait incon-
séquente et fournirait un moyen indirect d'éluder sa prohibition, si elle admettait que celui auquel elle défend de
transmettre la propriété pût transmettre une cause d'acquisition par l'usucapion. Paul exprimait ces idées en ces termes : *Ubi lex inhibet usucapionem, bona fides possidenti
nihil prodest* (L. 24 pr., *De usurp.*) La L. 30 n'a pas porté
atteinte à ce principe; elle n'a pas autorisé l'acheteur du
bien dotal à invoquer la prescription acquisitive, mais bien
la prescription extinctive de l'action en restitution de la
dot (1).

On comprend cette prescription extinctive en 529, à une
époque où la femme pouvait aliéner sa dot par ses actes,
soit positifs, soit négatifs. Mais lorsque, un an après, le § 15
De ret ux. act. eut déclaré le fonds dotal inaliénable par la
femme, que devint la partie finale de la loi 30, qui faisait
courir la prescription des actions dotales à dater de la
déconfiture du mari? Je crois qu'elle fut implicitement
abrogée comme incompatible avec la prohibition d'aliéner
adressée à la femme. Il me paraît inadmissible que Justinien ait voulu priver la femme de la protection que lui ac-

(1) Cujas, *in lib. 1 Papiniani de adulteriis*, ad. L. 12, *De fundo
dot.*

cordait la loi 28, D. *De verb. signif.* La prescription extinctive des actions dotales produisait les mêmes effets que la prescription acquisitive, l'aliénation du fonds dotal. L'ancienne jurisprudence interpréta tout autrement le § 15, *De rei ux. act.* Elle appliqua simultanément les deux constitutions de Justinien, et plaça la prescriptibilité dans l'inaliénabilité. Je dirai plus tard comment on en vint là, et quelles conséquences résultèrent de cette interprétation.

CHAPITRE IV.

ANCIENNE JURISPRUDENCE FRANÇAISE.

Romanisme et germanisme.— Lutte entre le droit écrit et le droit coutumier.

A l'époque où Justinien régnait en Orient, l'empire d'Occident n'existait plus ; il avait été envahi et démembré par les Barbares venus du Nord. Les Gaules avaient subi le sort des autres provinces romaines. Les Francs, qui devaient donner leur nom à un nouvel empire, s'étaient établis dans le nord des Gaules ; les Burgondes ou Bourguignons, à l'est ; les Wisigoths, au midi.

Quel était le droit apporté par ces peuples sortis des sombres forêts de la Germanie? Quelle fut son influence sur la législation romaine, en vigueur dans les Gaules depuis leur conquête par Jules César ? Il faudrait écrire plusieurs volumes pour résoudre ces questions auxquelles nous n'avons que quelques pages à consacrer, afin de savoir d'où viennent les idées que l'on s'efforce de faire prévaloir aujourd'hui par rapport aux droits du mari sur la dot mobilière.

C'était une idée accréditée chez les Germains, comme

chez tous les peuples encore barbares, que la femme est un
être faible, que l'homme lui est supérieur et doit la dominer. La femme germaine, comme la femme romaine,
était placée sous une tutelle appelée *mundium*, du vieux
mot saxon *mund* (main, tutelle, protection), qui indique son
origine germanique (1). Le mundium de la fille appartenait
au père ; à défaut du père, au frère ou à tout autre parent
paternel ; celui de la mère devenue veuve appartenait quelquefois à son propre fils (2).

On trouve ici le même phénomène juridique qu'à Rome,
sous le régime de la *manus*. Le mariage, c'est l'achat de la
femme par le mari, c'est-à-dire la transmission du *mundium* ou de la puissance par les parents de la femme au
mari. Chez les Francs, les jeunes filles étaient fiancées *par
le sol et le denier ;* c'est ainsi que Clotilde fut mariée à
Clovis (3). Chez les Scandinaves, les femmes étaient également en tutelle, *malmanskap* (4); leur mariage était un achat,
et les enfants, pour établir leur légitimité, prouvaient que
leur mère avait été achetée (5).

La femme germaine, achetée par le mariage, devenait
avec tous ses biens la propriété du mari ; sa personne et
ses biens étaient dans sa puissance : *Qui eam* (maritus) *per
mundium suam fecit*, dit la loi des Lombards (6) : *Sicut in
eam habet potestatem, ita et de rebus suis habeat*, ajoute la
loi des Burgondes (7). La loi des Saxons n'est pas moins

(1) Lex Saxonum, tit. 7, 11.
(2) Ducange, Glossaire, v° *Mundualdus.*
(3) Frédégaire, *Chroniques*, ch. 18 ; Bignon, *formule* V.
(4) Thorlacius, *Borealium veterum matrimonia*, p. 21 et 22.
(5) Nordstrom, *Histoire du droit suédois*, t. 2, p. 13 et 14 ; Kolde-
rup-Rosenwienge, *Histoire du droit danois*, t. 1, p. 157 ; Finsen, *Du
droit de famille suivant les lois d'Islande*, p. 207.
(6) Lex Rotharis, 205.
(7) Canciani, *Leges Barbarorum*, t. 2, p. 176.

énergique : *Mittat eam sub mundio cum omnibus rebus mo-bilibus aut immobilibus quæ ei legibus pertinent* (1).

Telle avait été la *manus* romaine, tel fut le *mundium* germanique : leurs effets juridiques ne sont séparés que par une nuance. Chez les Romains, le droit de la femme dans la succession du mari était variable, parce qu'elle avait la place d'une fille ; chez les Germains, il était fixé au tiers.

C'est de ce droit qu'est sorti le régime de communauté. Toute l'école historique allemande affirme cette origine, et elle a dix fois raison contre l'école française qui la nie timidement, ne faisant qu'une seule objection : c'est que les lois barbares accordaient à la femme un droit de survie, mais nullement un droit d'association et de communauté. Cette objection ne prouve qu'une chose : c'est que, chez les barbares, le droit du mari sur les biens de la femme avait la même énergie que chez les Romains. L'esprit du temps croyait avoir assez fait pour la femme en lui accordant l'entretien et la protection dans la famille du mari : on ne s'occupait d'elle que tout autant qu'elle survivait; on lui accordait le tiers de la succession du mari. Mais le droit a ses époques et ses transformations : nous savons que celui de la femme a marché sous l'influence du christianisme et des idées chevaleresques de la féodalité. Dans l'atmosphère féodale, la terre était tout ; elle seule donnait l'honneur et la puissance. Le *mundium*, en faisant passer la femme dans la propriété du mari *cum omnibus rebus mobilibus aut immobilibus*, avait l'inconvénient de faire sortir de la famille les terres patrimoniales qui faisaient sa force (*terra salica*, allod, bonum avitum). On l'abrogea quant à la propriété foncière, que les Germains ne connaissaient pas. Le mari n'eut plus qu'un droit d'administration et de jouissance

1) Canciani, *loc. cit.*

sur les immeubles de la femme; mais son droit de puissance resta entier sur les meubles et les conquêts.

Pour faire prévaloir les idées d'équité et d'égalité qui étaient dans l'esprit du christianisme, on considéra que la femme par son travail avait contribué à l'acquisition des meubles et conquêts. Dès lors, le droit de la femme ne fut plus subordonné à la condition de sa survie ; il cessa d'être personnel et passa aux héritiers. Déjà on éprouvait des scrupules de ce que le droit de la femme n'était que du tiers : le *Miroir de Souabe*, recueil du droit coutumier allemand, composé par Eccard de Repgow, au commencement du XIIIᵉ siècle, expliquait cette inégalité en disant que les femmes ne savent ni ne peuvent travailler aussi bien que les hommes. Sous la seconde race, le droit de la femme fut fixé à la moitié des meubles et conquêts (1), et un de nos plus anciens jurisconsultes put écrire : « Ce qui allait anciennement au tiers pour la femme, par succession de temps est allé à la moitié (2). »

C'est bien là la communauté, ou je ne la connais pas. Ce droit de succession explique pourquoi la femme accepte ou renonce ; pourquoi aussi, en acceptant, elle est tenue de tous les actes du mari, comme un héritier est tenu de ceux du défunt.

Le mari fut considéré comme *seigneur et maître* des biens de la communauté : *herr und meister*, dit le *Miroir de Souabe*. Beaumanoir, qui écrivait en 1283, et après lui Coquille, d'Argentré, Lebrun, Pothier, ont reproduit cette doctrine : elle était l'exacte expression du droit germanique.

Le mouvement commercial qui marqua la fin du XVIᵉ siècle, en produisant la richesse mobilière, donna l'impulsion

(1) *Etablissements de St Louis*, liv. 1ᵉʳ, ch. 15; *Capitulaires des rois de France*, liv. 4, ch. 21; *Assises des bourgeois*, ch. 152.
(2) Pasquier, *Recherches de la France*, liv. 4, ch. 21.

à la communauté : l'apport mobilier de la femme fut une mise sociale qui doubla le crédit du mari. L'esprit commercial s'empara du principe de puissance maritale et du pouvoir de disposition qui en est la conséquence, pour le faire servir à ses vues.

Singulière destinée des institutions humaines! Le régime dotal avait lutté contre la *manus* romaine ; il était parvenu à vaincre le principe de la puissance du mari sur les biens de la femme. L'invasion des Germains le remit en face de son vieil ennemi qui s'appelait cette fois le *mundium* germanique. Aussitôt la lutte recommença entre les deux principes rivaux. La loi romaine et le régime dotal se conservèrent dans le Midi : on appela ces contrées *pays de droit écrit* (1), par opposition à celles du centre et du nord de la France, qui furent régies par la loi franke, et que l'on appela *pays de droit coutumier*, parce que les Francs, ne connaissant point l'art de l'écriture, n'avaient que des coutumes. Ces hommes puissants et fiers, qui dédaignaient le commerce et ne pouvaient pas s'y livrer sans déroger, portaient dans leurs mœurs, sans le savoir, un principe commercial.

Le germanisme et le romanisme luttèrent pour s'imposer réciproquement leurs idées et leur principe. Il importe de suivre cette lutte dans la doctrine et la jurisprudence.

On examina quels étaient les droits du mari sur la dot en

(1) Les pays de droit écrit comprenaient les ressorts des quatre grands parlements de Toulouse, Bordeaux, Aix, Grenoble ; dans le vaste ressort du parlement de Paris, le Lyonnais, le Mâconnais, le Beaujolais, une partie de l'Auvergne et de la Basse-Marche; dans le parlement de Dijon, la Bresse, le Valromey, le Bugey et le Gex. Il faut y ajouter la Franche-Comté et la Savoie, dont le sénat fut illustré, à la fin du xvie siècle, par le président Antoine Fabre.

4

général, et spécialement sur la dot mobilière. L'interprétation fut placée en face de la doctrine de Cujas, qui accordait à la femme la propriété naturelle, et au mari la propriété civile. Elle admit que le mari était *dominus dotis ;*
mais elle n'attacha à ce titre que le droit de jouissance et
d'administration avec l'exercice des actions dotales. Perezius résumait cette doctrine en ces termes : *Dicitur maritus*
DOTIS DOMINUS *juris fictione, propter usumfructum, exercitium*
actionum et administrationem rerum dotalium quam lex ei
concedit constante matrimonio (1).

Il semble que l'on aurait dû décider logiquement que le
mari n'avait pas le droit de disposer de la dot mobilière.
Telle fut, en effet, la première interprétation des romanis-
tes. La négation de ce pouvoir touchait au côté le plus vif
et le plus saillant de la communauté. Le droit romain permettait au mari, lorsqu'il était solvable, d'affranchir les
esclaves dotaux. On l'invoqua, et on prétendit y trouver la
preuve du pouvoir d'aliéner la dot mobilière. La maxime
germanique : *Mobilia non habent sequelam*, exerça ici son
influence ; elle vint affaiblir la loi 30, C. *De jure dot.*, et
faire dévier son interprétation. Parmi les jurisconsultes qui
prirent part à la controverse, quelques-uns se signalèrent
par leurs idées germaniques et coutumières. De ce nombre
fut Vinnius : *Prohibitâ rerum mobilium alienatione*, disait-il,
facile fieri posset, ut multi deciperentur et multa inde se-
querentur incommoda. (*Inst.*, liv. 2, tit. 8, n° 1.) Cette considération est conforme à la doctrine du droit coutumier ;
mais elle est certainement contraire à la théorie romaine.

Ces idées portèrent le trouble dans la jurisprudence de
droit écrit, et ce ne fut qu'après de nombreuses contro-

---

(1) *Ad cod.*, liv. 5, tit. 12, n°ˢ 1 et 2.—*Adde* Fontanella, *De pact.*
nupt., p. 257 ; A. Sande, *De prohib. rer. alien.*, p. 39 ; Schneidewin,
Instit., p. 233.

verses que les vrais principes finirent par se dégager de la confusion accumulée par les doctrines germaniques et coutumières.

Il est curieux d'étudier la marche que suivait le droit coutumier pour se faire accepter par la jurisprudence de droit écrit; de prouver comment il se couvrait du droit romain, qu'il interprétait suivant ses idées, pour se déguiser et se rendre méconnaissable.

Les germanistes prétendirent d'abord que l'inaliénabilité de la dot était établie en faveur du mari, dans l'intérêt de sa puissance maritale. Ils partagèrent les voix au parlement de Toulouse; mais le partage fut vidé contre eux par arrêt du 2 janvier 1637. Deux ans après, ils revinrent à la charge; un second arrêt, en date du 3 février 1639, repoussa leurs tentatives (1). A Aix, ils partagèrent, non plus les voix, mais les arrêts. Le droit coutumier en compta autant que le droit écrit : ce qui faisait dire à l'annotateur de Dupérier : « Je n'ai pas vu de question sur laquelle il soit intervenu dans le même parlement tant d'arrêts opposés les uns aux autres. On peut soutenir le pour et contre... *Il est certain* que le principal objet de la loi qui a interdit l'aliénation de la dot a été l'intérêt et la puissance du mari, à qui l'administration en est confiée (2). » — A Grenoble et à Bordeaux, le droit coutumier fit décider la question en sa faveur.

Cette question se présentait principalement au sujet des donations des biens dotaux faites par la femme avec réserve de l'usufruit au mari. Furgole l'examina dans ses *Questions des donations*, et prouva avec son savoir ordinaire que l'inaliénabilité de la dot est établie pour protéger la faiblesse de la femme contre la puissance du mari, et nullement la puissance du mari contre la faiblesse de la femme.

(1) D'Olive, *Questions notables de droit*, liv. 3, ch. 29.
(2) *Quest. not.*, liv. 1, quest. 3.

Il critiqua la jurisprudence contraire, et les parlements d'Aix et de Bordeaux se rallièrent à sa doctrine (1).

La lutte s'engagea sur un autre terrain. Le mari était-il propriétaire de la dot mobilière? pouvait-il aliéner les meubles, céder les créances? Ses créanciers pouvaient-ils les faire saisir?

Rappelons d'abord quelques particularités du droit coutumier.

Sous le régime de la communauté légale, tous les biens mobiliers de la femme tombaient en communauté, c'est-à-dire dans la puissance du mari et son pouvoir de disposition. Les immeubles de la femme échappaient seuls à la communauté, à cause de l'importance que l'on y attachait dans les idées féodales. Sous le régime de la communauté conventionnelle, les meubles exclus de la communauté, que l'on appelait *propres réalisés*, échappaient-ils à la puissance du mari et à son pouvoir de disposition? Lebrun et, après lui, Pothier, soutenaient la négative : la clause de réalisation ne donnait à la femme qu'un droit de reprise et de prélèvement en valeur. La manie d'imiter le droit romain avait fait admettre une dot dans le droit coutumier; cette dot comprenait tous les biens de la femme; c'était une dot semblable à celle dont parle Cicéron sous le régime de la *manus* romaine. Le même principe conduisait aux mêmes effets. Dans le système coutumier, le droit du mari sur la dot était une conséquence de sa puissance sur la personne de la femme. (*V.* Pothier, *De la puissance du mari*, et tous les auteurs coutumiers.) C'était toujours le principe germanique : *Ut in eam potestatem habet, ita et de rebus suis habeat.* Il en résultait que le droit d'administration était absolu et renfermait le droit de propriété et de disposition de la dot mobilière. Dans le droit écrit, au contraire, le mariage

(1) *Des donations*, quest. 24, n°s 14 et suiv.

n'émancipait pas; la femme ne passait pas en la puissance
du mari; elle restait sous celle de son père. Le droit du
mari sur la dot n'était donc pas une conséquence de sa puissance sur la personne de la femme; il ne dérivait que du
contrat de constitution de dot, qui avait pour but principal
la jouissance du mari, pour supporter les charges du mariage, et comme accessoire, comme conséquence de cette
jouissance, le droit d'administration. Et voilà pourquoi cette
administration devait durer autant que la jouissance du
mari, dont elle était un appendice nécessaire, et ne pouvait
pas être révoquée, comme une administration ordinaire, à
la volonté de la femme. C'est à cause de cette irrévocabilité
de jouissance et d'administration que le mari était considéré
comme *maître de la dot*. Pour les esprits superficiels,
comme pour ceux qui se préoccupent surtout d'un but à
atteindre, il y avait, entre les deux régimes, de ces simili-
tudes que font les mots. Ici le mari était *seigneur et maître
de la dot*; son administration était absolue quant à la dot
mobilière : il ne pouvait aliéner les immeubles; là il était
maître de la dot; il en avait l'administration; il ne pouvait
aliéner la dot immobilière à cause de la L. Julia. Si l'on
parvenait à faire accepter que le *maître de la dot* en droit
écrit était le même que le *seigneur et maître de la dot* en
droit coutumier, et que l'administration de l'un devait s'entendre dans le même sens que celle de l'autre, le principe
de la communauté se glissait dans le régime dotal et se
l'appropriait.

Ceci posé, parcourons rapidement la jurisprudence des
pays de droit écrit sur l'inaliénabilité de la dot mobilière.

Parlement de Toulouse. — Un arrêt du 11 août 1645,
rapporté par Albert, décide que les meubles dotaux ne sont
pas saisissables par les créanciers du mari. C'est surtout à
propos des créances dotales que le débat fut vif. Le mari

pouvait-il les céder? Ses créanciers pouvaient-ils les faire
saisir? Il ne parait pas que le parlement ait jamais décidé
cette question. Mais Catelan enseigne que « *le mari étant
maître absolu des obligations constituées en dot, et pouvant
les nover et en retirer payement, ces obligations lui appartiennent, et ses créanciers peuvent les faire saisir, si ses biens
ne sont pas en distribution.* » Il dit que l'on demeura d'accord de ces propositions le 30 mai 1645, quoique la question ne fût pas jugée à cause des circontances. La question
fut agitée de nouveau, et même résolue, suivant Catelan, le
20 juin 1668, après partage, dans une espèce où le mari
avait cédé à un de ses créanciers une créance qui lui avait
été donnée à lui-même en payement de la dot constituée.
La créance n'était donc pas dotale; elle appartenait au
mari, qui avait pu incontestablement la donner en payement à son créancier.

Cette raison décisive fit vider le partage contre la femme.
Le conseiller compartiteur allait plus loin; il ajoutait (et
c'est là ce que les partisans du droit coutumier voulaient
faire décider en principe) que, *quand même la créance aurait
été constituée en dot, le mari en serait devenu maître; qu'il
aurait pu l'exiger, la prêter ensuite en son nom et l'employer
au payement de ses dettes; que,* par conséquent, *il pouvait
la céder et la déléguer à ses créanciers* (1). Ces propositions
sont vraies; mais la conséquence que l'on en tire est fausse.

Vedel, annotateur de Catelan, a fait l'observation suivante : « La raison de le décider ainsi est que les obligations,
étant réputées meubles, ne peuvent être saisies par le
créancier, lorsqu'elles ont été dénaturées au moyen d'une
cession acceptée, parce que *les meubles n'ont pas de suite
par hypothèque.* La loi *In rebus,* C. *De jure dot..,* ne pour-

(1) *Arrêts remarquables,* liv. 4, ch. 17.

rait être appliquée, suivant *nos maximes*, aux cessions acceptées, parce qu'alors les sommes ne sont plus existantes, mais dénaturées par la cession et l'acceptation. »

Ainsi on franchissait l'obstacle opposé par la L. 30, C. *De jure dot.*, en interprétant les mots *si tamen exstant* en ce sens que les choses constituées en dot n'étaient plus considérées comme existantes, dès que la puissance maritale les avait transmises à des tiers. Cette interprétation n'était pas conforme au droit romain; elle l'était au droit germanique. Vedel en convient. En droit romain, les meubles comme les immeubles sont susceptibles d'hypothèque et du droit de suite. Le propriétaire peut les revendiquer entre les mains de tout tiers détenteur, tant que l'usucapion ne s'est pas accomplie; la revendication est même perpétuelle pour les objets volés ou ravis par violence. Le droit romain consacre énergiquement le droit de propriété en disant: *Nemo plus juris ad alium transferre potest quam ipse habet.* La maxime invoquée par Vedel est purement germanique. Les Germains nomades ne pratiquaient pas le luxe des Romains : ils ne connaissaient pas la propriété foncière. Ils considéraient les meubles comme un accessoire de la personne. De là ces règles du droit coutumier : *les meubles n'ont pas d'assiette; ils suivent le corps; ils n'ont ni côté ni ligne; leur possession vaut titre; ils n'ont point de suite par hypothèque.*

Dans les principes du droit coutumier, le propriétaire d'un effet mobilier ne peut plus, sauf le cas de vol, le revendiquer que contre la personne même avec laquelle il a traité de cet objet ou à laquelle il l'a remis ou confié : toute revendication lui est interdite contre les tiers qui le tiennent de cette personne. On trouve la preuve positive de ces principes germaniques dans la loi des Wisigoths, quoique rédigée sous l'influence du clergé d'Espagne et du droit romain; dans les *Assises de Jérusalem*, le plus ancien monument de notre droit coutumier ; dans Beaumanoir, dans le *Grand Coutumier*. Loysel les a mis en brocards (1).

A l'époque où cette question s'agitait à Toulouse, on ne s'était pas fait, même en droit coutumier, une idée exacte de la maxime : *En fait de meubles, possession vaut titre* (2). La nécessité de la bonne foi chez les tiers n'était pas encore entrée dans la jurisprudence, et l'on ne distinguait pas comme aujourd'hui, sous l'empire de l'art. 2279, qui reproduit la célèbre maxime germanique, entre les meubles corporels et incorporels. Cette règle est inapplicable aux créances dotales, puisque le titre révèle aux cessionnaires que le mari n'en est point propriétaire.

De Juin, conseiller et arrêtiste au parlement de Toulouse (3), et Serres (4), professeur à Montpellier, pensaient aussi que le mari pouvait céder les créances dotales, parce que, disaient-ils, *le mari est maître absolu des sommes, actions, obligations ou hypothèques dotales, et qu'il peut les aliéner comme il trouve à propos.* Ils se fondaient sur le § 1er des Institutes de Justinien, sans se douter qu'ils invoquaient un texte de Gaïus, pour éluder la constitution de Justinien devenue la loi 30, C. *De jure dot.*

J'ai déjà expliqué comment, en droit romain, les créances étaient constituées en dot par un mandat d'une nature particulière, qui faisait considérer le mari comme tenant lieu du propriétaire et lui donnait le droit d'exercer les actions du constituant. La jurisprudence et les constitutions impériales avaient fini par lui accorder les actions comme lui appartenant en propre. La loi 2, C. *De obl. et act.*, en est un exemple : elle accorde l'action utile au mari *ad simili-*

(1) Klimrat, *Hist. du dr. fran.*, liv. 8, tit. 3; M. Pardessus, *Mémoire sur les origines du droit coutumier*, p. 734.

(2) M. Troplong, *Du gage*, nos 70, 71 et 72.

(3) *Arrêts du parl. de Toulouse*, t. vi, p. 46 et 47.

(4) *Instit.*, p. 103.

tudinem ejus qui nomen emerit. On l'invoqua dans la controverse qui s'agitait devant le parlement de Toulouse (1), et c'est ce qui explique pourquoi on appelait les créances : *des actions.* La jurisprudence refusait sans difficulté le droit de saisie aux créanciers du mari, parce que les textes qui lui accordaient l'affranchissement des esclaves dotaux y mettaient pour condition qu'il fût solvable : or la saisie attestait son insolvabilité.

Despeisses ne se laissa pas entraîner par ces égarements germaniques ; il enseigna une doctrine contraire, en invoquant l'autorité d'Accurse et de Salicet sur la loi 21, C. *De donat.*, et celle de Gregorius Tholosanus : « Il y a, disait- » il, même raison que pour la dot immobilière (2). » Mais son annotateur prit parti pour l'opinion de de Juin et de Serres, en se fondant sur les lois 9, C. *De rei vindic.*, et 11, *De jure dot.*

A toutes ces causes de confusion venait s'en ajouter une autre. Dans plusieurs parlements de droit écrit, notamment à Grenoble et à Toulouse, les créances étaient considérées comme une troisième espèce de biens, et assimilées à des sommes d'argent (3). Le président Fabre ne s'y était pas trompé (4).

Parlement de Paris. — L'Auvergne, pays de droit écrit, dont une partie ressortissait au parlement de Paris, avait une coutume qui portait (tit. 14, art. 3) : « Le mari et la femme, conjointement ou séparément, constant le mariage ou fiançailles, ne peuvent vendre, aliéner, permuter, ni autrement disposer des *biens dotaux* de ladite femme au

(1) Les mêmes controverses régnaient au parlement de Grenoble. (V. Duport-Lavillette, *Questions de droit,* t. 3, p. 27 et suiv.)

(2) Tit. *De la dot,* sect. 3, n° 20, p. 508.

(3) (V. *Nouveau Denisart,* t. vii, p. 122, n° 4.

(4) Code, liv. 5, tit. viii, def. 27.

préjudice d'icelle, et sont telles dispositions et aliénations nulles et de nul effet et valeur, et ne sont validées par serment. »

Chabrol, commentateur de cette coutume, s'exprimai ainsi : « Les coutumes de Paris, Bourbonnais, Berry, Nivernais, permettent au mari seul de disposer à son gré des meubles et conquêts ; mais celle des propres lui est interdite, et il faut que la femme aliène conjointement et en l'autorité de son mari ; *ce que nous n'observons point ;* car l'on ne peut point toucher aux *biens dotaux* de la femme pendant son mariage. »

La coutume de la Marche renfermait des dispositions analogues (art. 299 et 300).

Le Lyonnais et le Mâconnais, régis par le droit écrit, dépendaient aussi du vaste ressort du parlement de Paris, et ce corps illustre décidait invariablement : 1° que la femme ne pouvait pas être saisie dans ses meubles dotaux pour les dettes du mari (Rousseau de Lacombe, v° *Dot*, p. 174) ; 2° que les actions réelles relatives aux biens dotaux devaient être exercées par ou contre la femme autorisée de son mari (Mornac, *ad. l.* 9, C. *De rei vindic.;* Chabrol, *Coutume d'Auvergne,* t. II, p. 176; d'Héricourt, *Vente des immeubles,* ch. 4, n° 11). Le parlement avait jugé de plus, par trois arrêts successifs des 7 septembre 1654, 8 mai 1657 et 13 juillet 1658, que la loi Julia, ou, en d'autres termes, l'inaliénabilité devait être observée à l'égard de la dot, soit mobilière, soit immobilière (Henrys, liv. 4, quest. 141, n° 4). On sait que ces arrêts donnèrent lieu à l'édit du 16 avril 1664, qui abrogea la loi Julia dans les provinces de Lyonnais, Forez, Beaujolais et Mâconnais.

Parlement de Bordeaux. — Le mari avait la jouissance et l'administration des biens dotaux. On tenait pour principe que les biens dotaux indistinctement étaient inaliénables ; que les femmes, quoique séparées de biens, et auto-

risées par leur mari ou par la justice, ne pouvaient les
aliéner, sauf le cas où la loi en permettait l'aliénation. Les
créances dotales étaient insaisissables pour dettes du mari.
(Salviat, *Jurisp. du parl. de Bordeaux*, p. 197 et 198 ;
Automne, *Coutume de Bordeaux*, article 53, n° 50 ;
M. Tessier, *De la dot*, t. ı, p. 202, note.) Le mari ne pouvait, soit en demandant, soit en défendant, exercer aucune
action réelle relative aux biens dotaux. (Salviat, v° *Dot*, n° 9;
Merlin, v° *Puissance maritale*, sect. 2, art. 3, § 3.)

Parlement d'Aix. — On y considérait la femme comme
véritablement propriétaire des biens dotaux pendant le mariage ; le mari n'avait sur la dot qu'un domaine fictif ou
civil, qui se réduisait à la jouissance, à l'administration de
la dot et à l'exercice des actions dotales. (Julien, *Eléments
de jurisp.*, p. 51, n° 16 ; Janéty, *Journal du Palais de Provence*, t. ı, p. 109 et suiv.; Bonnemant, *Max. du Pal.*, t. ı,
p. 464.) La femme ne pouvait, pendant le mariage, aliéner
ni engager sa dot consistant soit en argent, soit en meubles,
soit en immeubles. (Julien, p. 57, n° 28.)

Parlement de Grenoble. — On y décidait également que
la femme est propriétaire de la dot ; que le mari en est
maître, mais eu égard seulement aux fruits, aux revenus
et à l'administration. (Dupérier, *Quest. not.*, liv. 1, quest. 3,
p. 23 et 58, n° 29; Bonnemant, t. ı, p. 185.) La femme et
ses héritiers avaient le droit de faire casser l'aliénation des
meubles faite par le mari, lorsqu'ils ne consistaient pas en
poids, nombre ou mesure, et l'on disait qu'il y avait même
raison que pour l'immeuble dotal. (Arrêt du 14 août 1600,
rapporté par Expilly, ch. 123.)

Sénat de Chambéry. — Un édit de Charles-Emmanuel, de
l'an 1582, déclarait inaliénables tous les biens dotaux, meubles et immeubles. (*Royales constitutions sardes*, liv. 5, t. 11,
art. 7.)

CODE NAPOLÉON.

CHAPITRE PREMIER.

DE L'INALIÉNABILITÉ DE LA DOT PENDANT LE MARIAGE ET L'ADMINISTRATION DU MARI.

Les rédacteurs du Code Napoléon se trouvaient en présence des deux régimes que je viens de décrire : l'un dominant dans le midi, l'autre dans le nord de la France. Le régime dotal et le régime de la communauté étaient opposés par leur origine, leur nature et leur but; chacun d'eux avait ses avantages et ses inconvénients, mais tous deux étaient grands par leurs traditions historiques, grands aussi par les idées qu'ils représentaient. Ils répondaient à deux besoins impérieux de l'homme : l'acquisition et la conservation. L'un reflète le caractère entreprenant et aventureux de nos Francs; il est conquérant, au risque de tout perdre pour tout gagner : à lui la puissance maritale et le pouvoir de disposition. L'autre est la fidèle image du génie romain : il n'aspire pas à augmenter les biens, mais à les conserver, et, par eux et avec eux, la famille; c'est le régime de ceux qui possèdent; le pouvoir de disposition est contraire à son origine et à son but : à lui l'inaliénabilité. Ces deux régimes représentent les deux grandes puissances des temps modernes : la propriété et l'industrie. Enfin à chacun d'eux correspondaient aussi les habitudes et les mœurs nationales de la France depuis le commencement de la monarchie. Ces traditions méritaient d'être respectées.

Dès le principe, on les respecta fort peu ; on crut que l'unité de législation exigeait le sacrifice de l'un des deux systèmes qui se divisaient la France. Le premier projet du Code ne renfermait pas de disposition autorisant expressément le régime dotal. Les provinces du Midi, profondément attachées à ce régime, crurent que leur droit national était sacrifié à celui du Nord ; elles réclamèrent avec vivacité. Pour mieux réussir, leurs représentants exaltèrent le régime dotal aux dépens de celui de la communauté dont ils firent une amère critique. Ces exagérations rencontrèrent une résistance non moins vive de la part des provinces du Nord ; elles n'atteignirent que partiellement leur but.

Un nouveau projet de loi fut présenté le 6 vendémiaire an XII ; mais il ne donnait qu'une demi-satisfaction au droit du Midi. Il permettait de stipuler le régime dotal, mais il prohibait l'inaliénabilité de la dot, dont les parlements du Midi avaient fait le principe et la base de ce régime. Voici comment M. Berlier motivait ce projet : « Il est difficile de comprendre comment la femme était mieux protégée par le droit écrit, à moins que la pensée ne s'arrête à *l'inaliénabilité de la dot;* mais c'était une protection achetée bien chèrement par l'incapacité qu'elle imprimait à la femme de disposer de son bien dotal, même pour son intérêt évident, et sans qu'elle pût être relevée de cette incapacité par rien. Une telle protection ne serait-elle pas plus exactement définie : *une entrave excessive ?...* Qu'est-ce donc qu'un tel système a de préférable à celui qui admet l'aliénabilité sans distinction, mais sous des conditions sages, et qui donne à la femme toutes les actions, même hypothécaires, les plus étendues pour les remplois? » (Fenet, t. 13, p. 5.) En conséquence, l'article 138 du projet portait : « Les immeubles constitués en dot, même dans le cas du présent paragraphe, ne **sont** point inaliénables. Toute convention contraire est nulle... » Quant aux meubles dotaux, l'art. 134, devenu l'article 1531 de la rédaction définitive, en laissait la disposition au mari, sous la condition de restituer les capitaux à la dissolution du mariage. (Locré, t. 13, p. 148; Fenet, t. 13, p. 525.)

Ce second projet mutilait le régime dotal, en lui enlevant son caractère propre et distinctif : l'inaliénabilité de la dot. Les partisans de la dotalité protestèrent de nouveau dans cette même séance du 6 vendémiaire an XII ; ils comptaient dans leurs rangs des hommes tels que Portalis, Cambacérès, Malleville, et l'ardent tribun Carion-Nisas. Aussitôt s'engagea une discussion célèbre, qui n'était autre que l'éternelle lutte entre le romanisme et le germanisme, entre le régime dotal et celui de la communauté. Cette discussion est capitale et décisive ; car on va voir les partisans de la communauté continuer la lutte dans la doctrine et la jurisprudence modernes, au nom des idées qui furent vaincues dans cette mémorable séance du 6 vendémiaire an XII, comme elles l'avaient été, deux cents ans auparavant, au sein du parlement de Toulouse.

Portalis, allant droit à la question, disait : « Si *la dot* est » déclarée aliénable, le système des pays de droit écrit est » entièrement sacrifié, et *ceux qui croiront le prendre pour* » *règle de leur association se trouveront cependant régis par* » *le système coutumier.* »

Berlier lui répondit : « A la vérité, l'article (138) contient » une grande dérogation à la loi *Julia ;* car, par l'effet de » cette loi, le fonds dotal était inaliénable, et l'article pro- » posé ne veut pas même qu'une disposition spéciale » puisse le rendre tel. L'on a considéré que *la dot d'une* » *femme* lui était constituée ou par elle-même, ou par » autrui, et notamment par ses parents. Au premier cas,

» on a trouvé qu'il était peu conforme au droit de pro-
» priété que la femme se privât de ce droit et s'imposât à
» elle-même des entraves qui seraient souvent suivies de
» regrets. L'on a pensé aussi que *cette incapacité civile nui-*
» *rait à la société entière*, et n'était qu'une espèce de sub-
» stitution dont la femme se grevait elle-même. Au
» deuxième cas, c'est-à-dire lorsque la dot est constituée
» par des parents, ils peuvent stipuler soit un droit de re-
» tour, soit les dispositions permises par l'article 337 du
» livre 1er du Code. »

Portalis répliqua : « On se fait nécessairement une fausse
» idée de l'inaliénabilité de la dot, lorsqu'on craint
» qu'elle ne mette obstacle au droit de retour et qu'elle ne
» ramène les inconvénients des substitutions. En effet,
» l'inaliénabilité n'existe et n'a de résultat que pendant la
» durée du mariage ; elle s'évanouit aussitôt qu'il est dis-
» sous. Pendant le mariage, elle a le double objet de con-
» server la dot à la femme et les fruits de la dot au mari.
» Sous le premier rapport, *elle empêche le mari de disposer*
» *seul de la dot sous aucun prétexte*, et la femme d'en dis-
» poser, même avec le consentement du mari, sans causes
» légitimes ; sous le second, elle interdit à la femme de
» donner sa dot entre-vifs, mais elle lui laisse la faculté
» d'en disposer par testament, parce qu'alors la donation
» n'a d'effet que dans un temps où le mari n'a plus aucun
» droit aux fruits. Ainsi, la dot devenant aliénable après la
» dissolution du mariage, il est évident que l'inaliénabilité
» n'a rien de commun ni avec les substitutions, ni avec le
» droit de retour, qui ne peut avoir lieu qu'à une époque où
» l'inaliénabilité a cessé. »

Cambacérès disait « qu'il n'apercevait pas les motifs de
» l'innovation singulière qu'on proposait ; il ne voyait même
» pas l'utilité des articles destinés à fixer le système du droit
» écrit. Les parties pourront prendre le droit écrit pour

» règle de leur mariage. Il n'est pas besoin pour cela d'en
» insérer les dispositions dans le Code civil ; mais il ne faut
» pas non plus l'établir en dénaturant le système. »

Treilhard combattit ces idées en ces termes : « Il sera
» difficile de concilier l'inaliénabilité de la dot *avec l'intérêt*
» *du commerce* et l'abolition des substitutions. Pourquoi de
» tous les biens qui existent, ceux qui sont dotaux sont-ils
» seuls *soustraits à la circulation* (1) ? L'inaliénabilité en
» assurera le retour à la famille ; mais cet intérêt est faible
» aux yeux du législateur. »

Cambacérès répliqua que « l'inaliénabilité n'est pas éta-
» blie pour ramener la dot dans la main du père, mais pour
» conserver le fonds affecté aux charges et le patrimoine
» des enfants. »

Le vote du conseil d'Etat est ainsi mentionné au procès-
verbal : « *Le conseil adopte le principe de l'inaliénabilité de
la dot* (2). »

Le conseil d'Etat ne revint pas sur la question, et on ne
trouve rien de plus dans les procès-verbaux des discus-
sions : seulement on voit qu'à la séance du 4 brumaire
an XII, Cambacérès ayant fait remarquer que les exceptions
au principe d'inaliénabilité étaient formulées d'une manière
trop vague et trop générale dans l'article 168 du projet,
devenu l'article 1558 actuel, Portalis répondit que la *section
s'en était référée à la jurisprudence pour l'explication de cet
article.*

On doit conclure de cette discussion :

1° Que l'inaliénabilité de la dot fut admise d'une manière
absolue, sans distinguer entre la dot immobilière et la dot
mobilière. Ce qui le prouve, c'est que la question était sou-

----

(1) Cette assertion n'est pas exacte ; les biens du mineur, de l'interdit, du grevé de substitution, sont soustraits à la circulation.

(2) Fenet, t. xiii, p. 373 et suiv.

levée par les députés du Midi, par les partisans du régime dotal, et qu'elle fut ouverte par la plainte suivante de Portalis : « Si *la dot* est déclarée aliénable, le système des pays de droit écrit est entièrement sacrifié, et ceux qui croiront le prendre pour règle de leur association se trouveront cependant régis par le système coutumier. » L'inconvénient s'appliquait à la dot mobilière plus peut-être qu'à la dot immobilière. La même conséquence résulte des observations présentées par Cambacérès, qui demandait que l'on s'en référât purement et simplement au système des pays de droit écrit ; et nous savons que la jurisprudence des parlements appliquait l'inaliénabilité à la dot mobilière comme à la dot immobilière. Aussi voyons-nous que le conseil d'Etat ne distingua pas non plus lorsqu'il vota le principe de l'*inaliénabilité de la dot.*

2° Que l'on ne distingua pas davantage entre le droit du mari et celui de la femme au sujet de l'inaliénabilité dotale.

3° Que le conseil d'Etat ne se laissa pas toucher par *l'intérêt du commerce et de la circulation,* invoqué par les partisans de la communauté contre l'inaliénabilité de la dot. Il paraît que des considérations du même genre furent invoquées au sein du tribunat ; car elles y furent réfutées avec éclat dans un éloquent discours de Carion-Nisas (1).

Ces conclusions sont pleinement confirmées par les discours des orateurs chargés de porter le projet de loi devant les divers corps qui devaient concourir à sa confection.

M. Duveyrier disait dans son rapport au Tribunat, le 19 pluviôse an XII : « *La propriété de la dot reste à la femme ;* mais les actions propriétaires demeurent suspendues, parce que la dot est inaliénable. Cette inaliénabilité forme le caractère distinctif du régime dotal ; c'est par elle qu'il déve-

(1) Fenet, t. xiii, p. 707.

loppe ses plus grands avantages. C'est à l'impossibilité absolue d'aliéner le fonds dotal que la pratique du régime qui
établit cette impossibilité attache la conservation des biens,
l'assurance des hérédités directes, la prospérité des familles
et le lustre social. Ces avantages ne peuvent être contestés.
Aussi les pays de droit écrit avaient-ils généralement admis cette règle dans le dernier état, et sur ce point, le plus
sévère, de la législation romaine. *Partout le mari était privé
de la faculté d'aliéner*, d'engager, d'hypothéquer *le bien
dotal*, même avec le concours ou le consentement de sa
femme ; et les parlements s'accordaient sur l'application,
au point de déclarer nulles, après la dissolution du mariage
et sur la demande de la femme, les aliénations de sa dot
qu'elle avait faites elle-même ou consenties. Le projet de loi
conserve dans toute sa rigueur cette règle première et es-
sentielle du régime dotal. » (Fenet, t. 13, p. 756.)

M. Siméon, en présentant le vœu du Tribunat au Corps
législatif (séance du 20 pluviôse an XII), s'exprimait ainsi :
« *Le mari, puisqu'il n'est qu'un usufruitier, ne peut aliéner
ce qui ne lui appartient pas; de là l'inaliénabilité de la dot...*
L'inaliénabilité de la dot, modifiée par les causes qui la rendent juste et nécessaire, et que la loi exprime, a l'avantage
d'empêcher qu'un mari dissipateur ne consomme le patrimoine maternel de ses enfants ; qu'une femme faible ne
donne à des emprunts et à des ventes un consentement que
l'autorité maritale obtient presque toujours, même des
femmes qui ont un caractère et un courage au-dessus du
commun. Elle conserve les biens dans les familles, *sans
en empêcher trop longtemps la disposition et le commerce.*
Sans gêner l'administration du mari, elle oppose une bar-
rière salutaire à ses abus... *Le mari, puisqu'il n'est qu'usufruitier*, ne peut aliéner ce qui ne lui appartient pas... A la
dissolution du mariage, la femme rentre de plein droit en

possession de ses biens dotaux, comme un propriétaire grevé d'usufruit y rentre par le décès de l'usufruitier. » (Fenet, t. 13, p. 826, 827 et 829.)

M. Duveyrier, après avoir expliqué les art. 161 et 162 du projet, devenus les art. 1551 et 1552 de la rédaction défini- tive, ajoutait : « Hors le cas de ces stipulations précises, le mari n'a que la perception des fruits de la dot et son ad- ministation. » (Fenet, t. 13, p. 755.)

M. Berlier lui-même, malgré son opposition première, disait devant le Corps législatif, le 19 pluviôse an XII : « Le mari n'a que l'administration et la jouissance des biens dotaux. » (Fenet, t. 13, p. 682.)

Cependant M. le premier président Troplong, dont je ne puis partager les opinions en cette matière, écrit : « Plus le Code civil a accordé à la communauté, plus le régime dotal essaye de prendre des revanches indirectes. Sa défaite dans la loi stimule son zèle dans la pratique; il cherche à s'étendre, à s'enfler, à reculer ses vraies limites. Il y a réussi dans plus d'une occasion, mais toujours aux dépens du crédit et de la bonne foi (n° 3002). » Où l'illustre magis- trat a-t-il vu cette défaite dans la loi, pour le régime dotal? N'est-ce pas le contraire qui est vrai? Le régime de com- munauté, le germanisme, ne cherchait-il pas à étendre et reculer ses vraies limites, aux dépens du régime dotal ?

Avant le Code Napoléon, le régime dotal était appliqué et interprété par les parlements du Midi, et par les juris- consultes qui s'attachaient dans leurs écrits à reproduire la jurisprudence de leur ressort. Tous, magistrats et arrêtistes, appartenaient au pays dans lequel ils exerçaient leurs fonctions : ils en connaissaient les mœurs et les habitudes ; ils les acceptaient et s'y conformaient. Vers la fin du siècle dernier, des ouvrages généraux sur le droit français sor- tirent de la plume de jurisconsultes appartenant au pays de communauté. En parcourant ces livres, on voit que leurs auteurs, loin de remplacer les principes de dotalité par ceux de communauté, s'étudiaient à reproduire scrupuleusement les doctrines et la jurisprudence de droit écrit.

Les choses se passent autrement dans les temps modernes. Le régime dotal a obtenu une petite place dans un coin du Code Napoléon, à côté de son éternel ennemi, le régime de communauté. Il a été soumis à l'enseignement général du droit ; les professeurs du Nord, après avoir expliqué les 141 articles du régime de communauté, passent à l'explication des 40 du régime dotal. Les magistrats du Nord vont indistinctement exercer leurs fonctions dans le Midi, et y apportent leurs idées de communauté ; réciproquement ceux du Midi transportent dans les siéges du Nord leurs principes de dotalité. Enfin la Cour de cassation est composée, en grande majorité, de magistrats appartenant aux pays de communauté.

On n'a pas oublié les efforts que fit le droit coutumier pour imposer son principe de puissance maritale à la jurisprudence de droit écrit, notamment à celle du parlement de Toulouse. Les embarras de doctrine qui en résultèrent sont devenus le point de départ du système qui attribue au mari la propriété et la disposition de la dot mobilière. C'est la jurisprudence qui a fourni la première idée de cette interprétation.

Une femme dont la dot consistait en argent avait signé des lettres de change souscrites par son mari. Poursuivie en payement, elle se défendit en invoquant l'inaliénabilité de sa dot. Cette exception fut admise en première instance. Sur l'appel, la Cour d'Agen fut embarrassée en présence de l'art. 1554 du Code Napoléon, qui ne mentionne littéralement que l'inaliénabilité des immeubles dotaux. Elle eut la mauvaise inspiration d'appliquer la doctrine de Serres (*Inst.* liv. 2, tit. 8), et de dire que, pendant le mariage, le mari avait seul la disposition de la dot mobilière, pour en conclure

que la femme ne pouvait pas en disposer. Le pourvoi contre cet arrêt fut rejeté par la Cour de cassation, le 1er février 1816, par le motif que, « d'après les dispositions du
» Code civil, comme d'après celles du droit romain, le mari
» étant seul maître de la dot mobilière dont il a la propriété
» et la libre possession, lui seul peut en avoir la disposition,
» et qu'ainsi, sous ce rapport, la femme se trouvant dans
» l'heureuse impuissance d'aliéner elle-même directement
» ses meubles ou deniers dotaux, il était inutile de lui en
» interdire l'aliénation (1). »

Ces décisions n'étaient qu'un effort de doctrine pour arriver à protéger la dot de la femme. Les dangers de cet expédient devaient se révéler plus tard.

Un père et une mère avaient constitué à leur fille une dot payable à terme. Le mari en avait cédé une partie à un de ses créanciers. Les héritiers de la femme, ne trouvant pas des biens suffisants entre les mains du mari ou de ses acquéreurs pour se faire rembourser la dot, demandèrent la nullité de la cession. La Cour d'Agen la rejeta par le motif que le mari est propriétaire de la dot mobilière, et qu'il peut en disposer. Sur le pourvoi, M. Delangle, alors avocat général, aujourd'hui ministre de la justice, porta la parole en ces termes devant la Cour de cassation :

» Dans les commencements de Rome, le mari était le maître absolu de la dot, *dominus dotis*. Plus tard la loi Julia vint modifier ce principe, mais la règle continua de subsister par rapport à la dot mobilière, *mariti dos est*; le mari n'en fut pas seulement un administrateur, il en fut le maître, *dominus*; il put l'aliéner. Dans les pays de droit écrit, l'inaliénabilité du fonds dotal fut entendue comme à Rome et dans le Bas-Empire. Le Code civil n'a point voulu innover. L'administration qu'il confère au mari sur les biens

<hr />

(1) Dalloz, *Contr. de mar.*, n° 3503.

dotaux mobiliers est une administration suprême, comme
autrefois à Rome et dans l'ancienne France. Sous le Code,
le mari n'est pas plus un simple administrateur ou un usufruitier, qu'il ne l'était anciennement; il est encore *dominus
dotis*, il est propriétaire de la dot mobilière. La loi ne consacre l'inaliénabilité que pour les immeubles dotaux. Le
mari a un droit absolu d'administration. Pour administrer
des objets mobiliers et les rendre productifs, il faut en spéculer, il faut les vendre, les échanger, les dénaturer... C'est
à l'égard de la femme seule que la dot mobilière est vraiment inaliénable. »

Ce réquisitoire fut suivi d'un arrêt de rejet en date du
12 août 1846, dont voici les motifs :

« Attendu qu'aux termes de l'article 1549 C. civ., le mari
a l'administration des biens dotaux et le droit de recevoir le
remboursement des capitaux, par conséquent celui de disposer desdits capitaux, lorsque aucune condition d'emploi
n'a été stipulée ; — attendu que si, d'après les dispositions
du Code civil sur le régime dotal, la dot mobilière est inaliénable, comme la dot immobilière, il s'ensuit seulement
que la femme, même autorisée de son mari, ne peut aliéner, ni directement ni indirectement, les droits qui lui sont
assurés par la loi pour la conservation de sa dot ; — que ces
droits, quant à la dot mobilière, lorsque le mari a usé de
la faculté d'en disposer, consistent dans un recours contre
le mari, recours garanti par l'hypothèque légale, et auquel
la femme, pendant le mariage, ne peut renoncer ; — que
cette créance dotale contre le mari ne peut être aliénée ni
par la femme, ni par le mari, ni par tous les deux conjointement, mais que le mari qui reçoit le remboursement
d'un capital constitué en dot, qui en fait un emploi plus ou
moins utile pour lui ou pour sa femme, ou qui fait cession
à un tiers d'une créance dotale, ne fait qu'user du droit de
libre disposition qui lui appartient à cet égard, puisque la

propriété de la femme est convertie par la loi en une créance
contre le mari, lequel est personnellement et hypothécaire-
ment obligé à la restitution, après la séparation de biens ou
la dissolution du mariage (1). »

M. Troplong est venu prêter son puissant appui à cette
doctrine ; il l'a développée avec la vigueur et l'éclat qu'il
sait donner aux sujets qu'il traite. Partant de la même idée
que M. Delangle, il enseigne que le mari était *dominus dotis*
en droit romain, *maître de la dot* dans l'ancienne jurisprudence de droit écrit, et que les principes du droit romain
ont été conservés par le Code civil en cette matière. Si l'article 1549 accorde l'administration des biens dotaux au mari,
ce n'est pas à dire qu'il ne soit qu'un administrateur; il est
propriétaire actif, propriétaire civil de la dot. La femme,
pendant le mariage, n'a que la propriété naturelle; son
droit est absorbé par celui du mari (nᵒˢ 3102 et 3105).
Puis, sur l'article 1554, l'illustre magistrat enseigne que
le mari, quasi-propriétaire et quasi-cessionnaire de la dot
mobilière, peut en disposer, et que la dot mobilière est
inaliénable par la femme seulement, en ce sens qu'elle
ne peut renoncer à son droit de créance contre le mari,
ni le céder. Cette doctrine est reproduite dans un arrêt de la Cour de cassation du 6 décembre 1859, rendu
sous la présidence de M. Troplong lui-même, et dont les motifs révèlent sa main (2). Comme M. Delangle, il veut que
le mari puisse spéculer avec la dot de la femme. « Déclarer
la dot mobilière indisponible et inaliénable dans ses mains,
dit-il, c'eût été arrêter tout mouvement d'affaires pendant
le mariage, gêner le commerce des meubles, tromper la
confiance des tiers et faire du régime dotal le plus grand
embarras (nᵒ 3220). »

(1) Dalloz, 1846, 1, 200.
(2) Dalloz, 1830, 1, 501.

Si l'on compare les motifs de cette doctrine avec ceux qui furent invoqués devant le conseil d'Etat contre l'inaliénabilité dotale, on voit tout de suite que MM. Delangle et Troplong et la Cour de cassation résolvent en faveur du régime de communauté une question que les rédacteurs du Code ont résolue en faveur du régime dotal. Treilhard ne disait-il pas qu'il était difficile de concilier *l'inaliénabilité de la dot avec l'intérêt du commerce*, et que *les biens dotaux seraient seuls soustraits à la circulation* ? Que répondait Portalis ? Que, pendant le mariage, l'inaliénabilité a le double objet de conserver la dot à la femme et les fruits de la dot au mari ; que, sous le premier rapport, *elle empêche le mari de disposer seul de la dot, sous aucun prétexte*, et la femme d'en disposer, même avec le consentement du mari, sans causes légitimes. Quelle fut celle de ces opinions contraires qui l'emporta ? Celle que défendait Portalis ; car la discussion se termina par le vote du conseil d'Etat qui adopta *le principe de l'inaliénabilité de la dot.*

Remarquez bien comment le débat s'était engagé. Portalis venait de dire que l'inaliénabilité de la dot avait pour effet d'empêcher le mari d'en disposer seul, et la femme même avec le consentement de son mari. Cette proposition était en opposition formelle avec le principe de communauté, qui accorde au mari seul la disposition du mobilier de la femme. Il suit de là qu'en donnant raison à Portalis, le conseil d'Etat condamna les idées de communauté qui cherchaient à s'imposer au régime dotal, en invoquant l'intérêt du commerce et la faveur de la circulation. Des raisons péremptoires voulaient qu'il en fût ainsi.

Sous le régime de communauté, le mari spécule avec les biens qui la composent. La femme est associée à ses actes et à ses spéculations ; elle spécule, elle aussi ; elle veut augmenter les biens qu'elle a versés dans la communauté, au risque de les perdre. Mais la femme dotale ne spécule pas, elle ne livre pas sa dot à des chances de gain ou de perte. Elle n'a aucun profit à retirer des affaires que fait son mari. Son apport dotal n'a d'autre objet que d'aider le mari à supporter les charges du mariage. C'est avec les revenus que l'on supporte les charges. L'administration ordinaire suffit donc au mari : l'administration suprême, absolue, dont parle M. Délangle, serait un effet sans cause.

C'est ce que ne veulent pas comprendre ceux qui partent des idées de communauté pour résoudre des questions de dotalité. Ils ont vu que, sous le régime de communauté, le mari, en sa qualité d'administrateur, est investi de tout le mobilier de la femme et qu'il peut en disposer dans la limite des pouvoirs très-étendus que lui donne l'art. 1421 : et comme l'art. 1549 attribue également au mari la qualité d'administrateur des biens dotaux, ils ont eu l'idée de transporter le principe de l'art. 1421 dans l'art. 1549 et d'interpréter celui-ci par celui-là. Dominés par les traditions de communauté, ils ont renouvelé l'ancienne lutte entre le droit coutumier et le droit écrit, pour réhabiliter la thèse de Treilhard, solennellement repoussée par le conseil d'État. Le droit coutumier, prenant pour base le principe germanique de la puissance maritale sur la personne et les biens de la femme, faisait le mari *seigneur et maître* des biens de communauté ; et comme, sous ce régime, tout l'actif mobilier de la femme entre en communauté, il est vrai de dire que le mari en a la seigneurie et la maîtrise et qu'il peut en disposer. Le droit romain donnait au mari la qualification de *dominus dotis*, et notre ancien droit écrit celle de *maître de la dot*. L'analogie de ces qualifications est invoquée par les partisans du droit coutumier comme elle l'était, il y a 200 ans, devant le parlement de Toulouse ; elle est devenue le point de départ du système qui assimile les pouvoirs du mari sur la dot mobilière à ceux qu'il a sur les biens de communauté.

Mais la similitude n'existe tout au plus que dans les mots. Justinien avait appelé la propriété du mari *une subtilité des lois*. Les commentateurs tinrent compte de cette qualification. Cujas avait attribué le domaine civil de la dot au mari, et le domaine naturel à la femme. On interpréta le *domaine civil* en ce sens que le mari avait la jouissance et l'administration de la dot; on y ajouta l'exercice des actions, à cause de l'influence des lois 11, C. *De jure dot.*, et 9, C. *De rei vindic.* J'ai déjà cité des autorités ponctuelles à cet égard : Perezius, A. Sande, Schneidewin, Fontanella, Dunod, etc. Dans la jurisprudence de droit écrit, le *dominus civilis* devint le *maître de la dot*. Tous les parlements, sauf un seul, celui de Provence, refusèrent au mari l'exercice des actions réelles. La *maîtrise de la dot* était donc celle de la jouissance et de l'administration et non celle de la propriété et de la disposition. Le cardinal Deluca, qui était en même temps un savant jurisconsulte, avait en vue ce point de droit, lorsqu'il écrivait : *Mulier habens virum nec solet, nec debet, quinimò nec potest in administratione dotis se ingerere* (*De dote*, disc. 92, n° 9). Le principe de conservation et d'inaliénabilité de la dot a pour conséquence la responsabilité du mari. Or, la responsabilité suppose la liberté. Elle serait inique, si le mari, dans son administration, devait subir la volonté de la femme; elle serait illusoire si, pour y échapper, il suffisait au mari de dire à sa femme : C'est toi qui l'as voulu. La loi ne veut pas que la femme puisse vouloir ; et ce *veto* est dans l'intérêt de sa dot, et nullement dans celui de la puissance maritale, comme lorsqu'il s'agit des biens de communauté (art. 1421). Il faut ajouter que le droit d'administration qui appartient au mari n'est pas un mandat ordinaire, révocable à la volonté de la femme ; il fait partie des conventions matrimoniales ; par son objet même, il doit durer autant que le mariage, sauf séparation de biens. Voilà dans quel sens le mari est *maître de la dot*. Il l'est encore, bien entendu, sous le Code Napoléon. Le mot ne se trouve pas dans l'art. 1549, mais la chose y est dans toute son énergie, comme dans la doctrine du cardinal Deluca : « Le mari seul a l'administration. »

Cependant la similitude de qualification donnée au mari, dans l'ancien droit et sous les deux régimes, est reproduite par les art. 1421 et 1549 : chacun d'eux fait du mari un administrateur. C'est cette analogie que l'on s'efforce de faire passer dans les choses. Mais les traditions, la nature et le but du régime dotal résistent à ces efforts.

Sous le Code Napoléon, la femme, par le mariage, et quel que soit le régime adopté, passe sous la puissance du mari (art. 213 et 214). Mais en est-il de même de ses biens? Oui, sous le régime de communauté, parce qu'il nous vient des coutumes germaniques, et que les traditions historiques se retrouvent dans les lois ; non, sous le régime dotal, qui nous vient du droit romain modifié par la jurisprudence des parlements du Midi. C'est ainsi que les biens paraphernaux échappent à la puissance maritale. Si la femme n'en peut disposer sans l'autorisation du mari, c'est à cause du pouvoir sur sa personne, mais non sur ses biens. Sous le régime dotal, le mari n'acquiert donc, par le mariage, aucuns droits de puissance et de disposition sur les biens dotaux de sa femme. Les traditions historiques veulent qu'il en soit ainsi. On n'a pas assez réfléchi qu'en droit romain le mariage n'émancipait pas (1). La puissance paternelle suivait la femme dans la maison de son mari, si bien que quelquefois par ses abus elle portait le trouble et la désunion parmi les époux. Le mariage libre ne donnait pas au mari la puissance sur les biens dotaux ; c'est ce qui explique pourquoi le droit romain avait attaché au contrat de constitution dotale des effets translatifs de propriété. Le

_____

(1) Paul, Sent., lib. v, tit. vi, § 13 ; Ulpien, L. 1, De exhib. lib.

droit écrit suivait les principes de la puissance paternelle et du mariage libre, comme chez les Romains (1). Les époux n'étaient pas émancipés par le mariage; la puissance du mari était à peu près nulle sur la personne de la femme (2), et à plus forte raison sur les biens dotaux.

En droit écrit, le contrat de constitution de dot n'était pas translatif de propriété au mari, comme en droit romain; des conventions spéciales étaient nécessaires pour lui attribuer cet effet. Le Code Napoléon reproduit ce principe: l'article 1551 en est une preuve manifeste.

Le mariage et le contrat de dot ne donnent donc pas au mari le pouvoir que l'on invoque; ils ne lui donnent qu'un droit de jouissance, qui a pour conséquence celui d'administration.

Ne serait-il pas singulier que, sous le régime dotal, le contrat de constitution de dot n'eût pas l'effet d'une clause exclusive de communauté? Quoi! par la constitution dotale, dont le caractère dominant est la conservation de la dot, la femme transmettrait tacitement à son mari un pouvoir contraire au but qu'elle se propose! Je comprends ce pouvoir du mari sur les biens de communauté. Là, je le répète, la femme est associée; elle spécule et profite des spéculations du mari. Quand on veut la fin, on veut aussi les moyens. Il est donc rationnel que le mari puisse disposer des biens de communauté pour les augmenter dans un intérêt commun. Mais, sous le régime dotal,

(1) Furgole, Questions sur les donations, 24, n° 1; M. Ginoulhiac, *Hist. du rég. dot*, p. 137.

(2) En droit coutumier, on ne comprenait pas le mariage sans la puissance du mari sur la femme. Il en résultait que le mariage émancipait; car celui qui a la puissance ne doit pas être en puissance. Ces idées, fondées sur la tradition et les mœurs nationales, sont passées dans l'article 476 C. N.

je ne comprends plus ce pouvoir de disposition ; il serait un contre-sens. L'analyse juridique du contrat de dot le repousse virtuellement. Par la constitution de dot, la femme déclare implicitement qu'elle ne veut pas augmenter son apport dotal, ni le diminuer ou le perdre ; son mari gagnerait un million avec sa dot, elle ne reprendra jamais que sa dot.

Mais, dit-on, il faut que le mari puisse spéculer avec la dot de sa femme, et pour cela il doit avoir un droit d'administration absolue, c'est-à-dire un droit de propriété et de disposition de la dot mobilière. Je nie le principe et sa conséquence. La femme dotale n'a aucun profit à retirer des spéculations de son mari. Les affirmations que je repousse n'ont pu être inspirées que par l'influence du système de communauté. L'intérêt est la mesure des actions ; il est aussi l'interprétation des conventions. L'objet de l'apport dotal n'est pas de fournir au mari les moyens de spéculer, mais de supporter les charges du mariage avec les revenus et la jouissance de la dot ; et comme il n'y a point de revenus ni de jouissance sans administration, j'en conclus que, sous le régime dotal, l'administration de la dot est accordée au mari comme conséquence de son droit de jouissance, et non de son prétendu droit de spéculation et de disposition.

Le régime dotal, dit M. Troplong, ne s'occupe pas des tiers. Cela est vrai ; et cela est fort naturel, puisque la femme ne retire aucun profit des affaires que le mari peut traiter avec eux. Qu'aurait-on à dire si la femme avait stipulé que tous ses biens seraient paraphernaux ? ou bien qu'ils seraient dotaux, mais qu'elle serait séparée de biens ? Prétendrait-on encore qu'il faut que le mari puisse spéculer avec les biens de sa femme ? Ceci n'empêche pas M. Troplong de décider que le mari est quasi-propriétaire des biens dotaux, qu'il est maître de la dot mobilière et qu'il peut l'aliéner.

S'il en est ainsi, je ne comprends plus qu'il soit vrai de dire que le régime dotal ne s'occupe pas des tiers.

Le régime dotal, dit encore M. Troplong (n° 3001), est un régime de méfiance ; il sacrifie tout à la conservation de la dot : confiance dans la bonne conduite des époux, disposition libre de la fortune de l'épouse, espérance de progrès, bonne foi des tiers. Si cela est vrai, on ne s'explique pas que le même jurisconsulte puisse décider que le mari est saisi de la fortune mobilière de la femme et qu'il peut en disposer (n° 3102, 3166, et *passim*). Il me semble que la femme, au lieu d'être méfiante, est, au contraire, très-confiante, très-débonnaire et bien plus généreuse que la femme commune, puisqu'elle livre sa dot mobilière au mari pour en disposer sans aucune espérance de profit pour elle-même.

J'admets que le mari devient propriétaire et qu'il peut disposer de la dot, lorsqu'elle consiste en choses fongibles et dont on ne peut user sans les consommer. Il en est de même lorsqu'il devient propriétaire des meubles constitués en dot, dans les cas et suivant les conditions posées par l'article 1551.

Il y a plus. Quoique la dot consiste en meubles corporels non fongibles et dont la propriété n'a pas été transmise au mari par la constitution dotale, les tiers auxquels il les livre seront protégés, s'ils sont de bonne foi, contre la revendication de la femme, par la maxime : *En fait de meubles possession vaut titre*. Mais l'abus du droit n'est pas le droit ; et de ce que la revendication est interdite à Primus, dont un meuble a été vendu et livré par Secundus à Tertius, il ne s'ensuit pas que Secundus fût propriétaire du meuble de Primus, ni qu'il eût le droit d'en disposer.

La doctrine et la jurisprudence, qui attribue au mari la propriété et la disposition de la dot mobilière, va beaucoup plus loin. Elle refuse à la femme le droit de revendiquer les meubles dotaux, même contre les acquéreurs de mauvaise foi. De plus, elle valide les cessions de créances dotales consenties par le mari, quoique la maxime de l'article 2279 ne soit pas applicable aux cessionnaires, par la raison bien simple que ceux-ci, ayant pu se convaincre par l'inspection du titre que le mari n'était pas propriétaire, ne sauraient se dire de bonne foi. C'est même au sujet des créances dotales cédées par le mari que la question d'inaliénabilité de la dot s'est présentée le plus souvent, et qu'elle a été résolue par la jurisprudence.

M. Troplong et la Cour de cassation prennent pour base de leur doctrine l'art. 1549. La Cour de Montpellier ayant décidé, par arrêt du 6 mars 1844, que, sous le Code civil, le mari n'est pas propriétaire des biens dotaux, M. Troplong la réprimande en disant : « Aux yeux de la Cour de
» Montpellier, qu'est-ce donc que le droit du mari ? Où pui-
» sera-t-elle, par exemple, la source de son droit d'exer-
» cer seul les actions en révendication (art. 1549, § 2) ?
» D'où peut sortir un pareil droit, si énergiquement ca-
» ractéristique du droit de propriété, sinon des principes
» du droit romain précieusement conservés par le Code
» civil ? D'où vient aussi son droit de disposer de la dot mo-
» bilière, sinon de ce qu'il est *dominus dotis* (n° 3102) ? »
Plus loin (n° 3103) le savant jurisconsulte ajoute : « Et,
» d'abord, le mari peut, d'après notre article, poursuivre
» les débiteurs de la dot, et actionner en désistement les
» détenteurs des immeubles. Possessoire, pétitoire, actions
» personnelles et réelles, condiction ou revendication, tout
» cela est de son ressort. »

Dans toutes ces affirmations je ne vois pas une preuve ; le droit de revendication n'est pas toujours le signe du droit de propriété. Les anciens commentateurs accordaient au mari l'exercice des actions ; ils lui refusaient le droit de propriété. Cette doctrine était passée dans la jurisprudence du parlement d'Aix. Tel est,, sous le Code Napoléon, le tuteur. Il exerce les actions, et il n'est pas propiétaire.

Je vais plus loin, et je conteste que les actions pétitoires dotales appartiennent au mari. Les deux premiers paragraphes de l'article 1549 sont ainsi conçus : « Le mari seul a l'administration des biens dotaux pendant le mariage.—Il a seul le droit d'en poursuivre les débiteurs et détenteurs, d'en percevoir les fruits et les intérêts, et de recevoir le remboursement des capitaux. » Tout l'édifice de la doctrine qui accorde les actions pétitoires au mari repose sur la pointe des mots : *poursuivre les débiteurs et les détenteurs des biens dotaux*. Ces expressions sont loin d'avoir le sens et la portée qu'on leur attribue; l'explication exégétique de l'art. 1549 va le prouver.

Pour nous, le mari est ce que la loi dit qu'il est, jouissant et administrateur de la dot. Il peut se trouver dans deux situations bien différentes relativement aux biens dotaux. S'il s'agit de faire exécuter le contrat de mariage par le payement de la dot mobilière ou immobilière, cette exécution n'intéresse pas la femme; son droit n'est pas en question. La poursuite du mari est une action d'administration ; lui seul peut l'exercer. Il serait injuste de l'obliger à prendre le consentement et le concours de sa femme; car, après un certain temps, il est responsable de son inaction et devient comptable de la dot, comme s'il l'avait reçue (art. 1509). Mais s'il s'agit de soutenir un procès contre un tiers qui se prétend propriétaire de l'immeuble constitué en dot, ou qui nie d'être débiteur de la créance constituée à la femme, les choses changent de face : le droit de la femme est en question; l'action est pétitoire, et; d'après les principes du droit commun, elle doit être exercée par ou contre le soi-disant propriétaire ou créancier, c'est-à-dire par ou contre la femme.

L'article 1549 n'a en vue que la première de ces deux

situations : son § 2 n'est qu'un corollaire et une application du § 1er.

Et d'abord, le mot *poursuivre*, employé par notre article, suppose l'exécution d'un titre. *Poursuites*, a dit M. le procureur général Dupin, *actes faits en vertu d'un droit ou d'un titre pour contraindre quelqu'un à remplir une obligation* (1). Notre texte suppose donc que le poursuivi est lié par une obligation préexistante, supposition exclusive de l'action pétitoire qui, par sa nature, met le droit en question.

« *Il* (le mari) *a seul le droit d'en* (des biens dotaux) *poursuivre les débiteurs et détenteurs...* : » ce qui, en supprimant les ellipses, signifie : *Le mari a seul le droit de poursuivre les débiteurs et les détenteurs des biens dotaux.* Ces mots ne sont pas moins clairs ni moins décisifs. Ils supposent si peu une question de propriété, qu'ils la préjugent virtuellement en appelant *détenteurs des biens dotaux* les personnes qui sont poursuivies par le mari. Primus a constitué en dot à sa fille et livré à son gendre le fonds Cornélien ; Secundus s'en prétend propriétaire et s'en empare : un procès est engagé contre lui. Appellerez-vous Secundus un détenteur du bien dotal? Vous ne le pouvez pas; car, jusqu'au jugement définitif, il est incertain si l'immeuble appartient à la femme ou à Secundus, et s'il est un bien dotal. Mais vous appellerez *détenteur du bien dotal* Primus qui l'a constitué en dot et qui est en retard d'en faire la délivrance au mari. Les mêmes observations s'appliquent aux mots *débiteurs des biens dotaux*. La loi n'a pas pu qualifier ainsi celui dont l'obligation a été constituée en dot, et qui soutient qu'elle lui a été extorquée par violence ou qu'elle manque de cause. Le débiteur du bien dotal, c'est celui qui a promis une somme en dot et qui est en retard de la payer.

La place même qu'occupent les mots dont argumente l'opi-

____

(1) Manuel des avocats, *Vocabulaire*, p. 834.

nion contraire prouvent qu'ils ne se réfèrent pas aux actions réelles. Le § 1er de l'article 1549 venait de dire que le mari seul a l'administration des biens dotaux. Le paragraphe suivant, appliquant ce principe, ajoute : « Il a seul le droit d'en poursuivre les débiteurs et détenteurs, d'en percevoir les fruits et les intérêts, et de recevoir le remboursement des capitaux. » L'ordre de narration qui règne dans ce § 2 est remarquable et significatif. Si la loi eût commencé par dire que le mari aurait seul le droit de recevoir les intérêts et capitaux dotaux, en ajoutant qu'il aurait seul le droit d'en poursuivre les débiteurs, elle aurait mis au commencement ce qui, dans l'ordre des faits, est à la fin, et à la fin ce qui est au commencement. Le payement ne précède pas la poursuite; il la suit. Et comme le mari peut avoir aussi à réclamer la délivrance d'immeubles dotaux, notre texte comprend ce cas par le mot *détenteurs*. Si les mots : *en poursuivre les débiteurs et les détenteurs*, visaient les actions pétitoires, ils ne seraient qu'une intercalation maladroite et dangereuse entre d'autres expressions qui ne se réfèrent qu'à des actes d'administration ordinaire.

MM. Tessier (note 835) et Troplong (n° 3005) pensent que les deux premiers paragraphes de l'article 1549 ont été empruntés à Domat; c'est aussi mon opinion. Voici comment s'exprime l'auteur des *Lois civiles* (p. 107, édit. de 1777) :

« Le droit qu'a le mari sur le bien dotal de la femme est une suite de leur union et de la puissance du mari sur sa femme (1); et ce droit consiste en ce qu'il a l'administration et la jouissance du bien dotal que la femme ne peut lui ôter, qu'il peut *agir en justice* au nom de mari, pour le *recouvrer*, contre les *tierces personnes* qui en sont les détenteurs ou les débiteurs, et qu'ainsi il exerce de son chef.

___

(1) Cette proposition est germanique et coutumière; elle est contraire aux principes du régime dotal.

comme mari, *les droits et les actions qui dépendent de la dot*, d'une manière qui le fait considérer comme s'il en était le maître, mais qui n'empêche pas que la femme n'en conserve la propriété. Et ce sont ces divers effets des droits du mari et de ceux de la femme sur le bien dotal qui font que les lois regardent la dot et comme un bien qui est à la femme, et comme un bien qui est au mari. »

En comparant cette doctrine avec l'article 1549, on voit qu'elle a été corrigée par les rédacteurs du Code. Les mots *agir en justice* ont été supprimés; voici pourquoi. A l'époque où Domat écrivait, les contrats de mariage pouvaient être faits par acte sous seings privés, suivant la jurisprudence de la plupart des parlements de droit écrit. Le mari pouvait donc être obligé d'agir en justice, soit pour faire exécuter le contrat de mariage contre les personnes qui avaient constitué la dot et contre lesquelles il n'avait pas d'autre titre, soit contre les débiteurs de la femme qui s'était constitué en dot leur dette. Sous le Code Napoléon, les contrats de mariage sont nécessairement des actes notariés, revêtus de la formule exécutoire. Et comme la dot est due presque toujours par ceux qui l'ont promise, le législateur, ayant égard au *quod plerumque fit*, a supprimé les mots : *agir en justice*. Ce retranchement serait inexplicable et bien maladroit, si l'article 1549 avait voulu accorder au mari l'exercice des actions réelles.

Domat a expliqué que le pouvoir du mari d'agir en justice a pour objet de *recouvrer le bien dotal*. Ces dernières expressions sont, comme le mot *poursuivre*, qui les a remplacées, caractéristiques des actions d'administration; elles excluent les actions pétitoires : *recouvrer le bien dotal*, c'est demander le payement, la tradition à ceux qui l'ont promis en dot.

Les mots *tierces personnes* ne sont pas reproduits par l'article 1549 : cette suppression est encore bien significative. Domat avait employé ces termes par opposition au mari et à la femme, dont il s'attachait à déterminer les droits respectifs sur la dot.

Dans la pensée de Domat, *les droits et les actions qui dépendent de la dot* ne sont autres que les droits et actions constitués en dot. Quelques jurisconsultes de droit écrit appelaient les créances *des actions;* et c'est dans ce sens qu'ils disaient que le mari était maître *des actions dotales* (1). Le sens de ces expressions était que le mari pouvait exiger le payement de la dot, en poursuivre les débiteurs. On voulut aller plus loin : on prétendit que cette maîtrise donnait au mari le droit de céder les créances dotales et d'en disposer.

Enfin, tandis que Domat disait que le mari *peut agir...,* l'art. 1549 dit qu'*il a seul le droit de poursuivre.* Ce changement est remarquable; un coup d'œil rétrospectif en fera ressortir toute l'importance.

Dans le droit coutumier, la terre salique, les alleux (*terra salica, allod, bonum avitum paternumque*) formaient un patrimoine héréditaire et sacré, dans lequel la famille avait ses souvenirs et comme ses racines; ces biens contribuaient à sa conservation et à sa force. On les exclut de la communauté pour les empêcher de passer en des mains étrangères. Le mari, quoique qualifié *seigneur et maître* de ces propres immobiliers, ne pouvait pas les aliéner sans le concours de sa femme (2); et de ce qu'il ne pouvait pas les aliéner, on concluait qu'il ne pouvait pas exercer les actions actives et passives sans la présence de la femme dans l'in-

(1) Catelan, Arrêts du parl. de Toulouse, liv. 4, ch. 47; de Juin, *Journal du Palais,* t. 6, p. 40 et 47; Serres, *Inst.,* p. 103.

(2) Dumoulin, coutume de Paris, *des Douaires,* t. 1, p. 802; Brodeau sur Louet, t. 2, lettre M, ch. 1 et 25; Lebrun, *de la Comm.,* liv. 2, ch. 2, sect. 1, n° 19.

stance. Presque toutes les coutumes qui lui défendaient d'aliéner les propres de la femme sans le consentement de celle-ci se bornaient à lui accorder l'exercice des actions pétitoires (1) : de ce nombre était la coutume de Paris, dont l'article 223 a servi de modèle à l'article 1428 C. N.

On se rappelle la théorie de Cujas, qui attribuait au mari le domaine civil de la dot, et à la femme le domaine naturel. L'école de Cujas, précisant la doctrine du maître, réduisit le domaine civil à la jouissance et à l'administration de la dot; elle y comprit l'exercice des actions, à cause de l'influence des lois 11, C. *De jure dot.*, et 9, C. *De rei vindic.* Les parlements de droit écrit se trouvèrent en présence de ces interprétations. A cette époque, il s'opérait dans notre droit français un travail de fusion, précurseur de notre unité nationale. L'importance que l'on attachait, en droit écrit comme en droit coutumier, à la propriété territoriale, réagit contre l'interprétation des lois 11, C. *De jure dot.*, et 9, C. *De rei vindic.* La jurisprudence, influencée par le droit coutumier, distingua entre les diverses actions, et refusa au mari l'exercice des actions pétitoires sans le concours de la femme, soit en demandant, soit en défendant.

M. Troplong fait de vains efforts pour prouver le contraire. Je ne conçois pas qu'il invoque l'opinion de Rousseille qui, au lieu de favoriser sa doctrine, la condamne d'une manière ponctuelle, en ces termes: « Le mari ne » pouvant vendre ni aliéner les biens dotaux de sa femme,

---

(1) Artois, art. 88; Sens, art. 276; Etampes, art. 97; Péronne, art. 124; Rheims, art. 14; Laon, art. 30; Nivernais, ch. 23, art. 6. — Trois coutumes accordaient au mari l'exercice des actions réelles : Poitou, art. 228; Angoumois, art. 110; Melun, art. 214.— Deux le lui refusaient expressément : Vermandois, art. 30; Châlons, art. 23.— Un petit nombre n'accordait cet exercice au mari que dans l'intérêt de sa jouissance et sous la réserve du droit de la femme.

» ne peut pas non plus, en sa qualité de mari, exercer en
» seul les actions réelles concernant la propriété de ce
» même fonds dotal. Il faut aussi que la femme soit partie,
» que tout se passe en son nom autorisée de son mari, ou en
» justice au refus de celui-ci... De ce que nous venons d'ob-
» server, il en résulte que le mari ne peut former en seul
» aucune demande en désistement, partage, ou autre de
» cette nature concernant les biens dotaux de sa femme,
» ni exercer aucune action pétitoire concernant les mêmes
» biens, comme servitudes et autres ; s'il le fait, sa demande
» ne peut se soutenir qu'en faisant intervenir la femme
» pour adhérer aux conclusions par lui prises... Toutes les
» demandes qu'on intente contre le mari pour des actions
» qui sont réelles à la femme sont irrégulièrement formées,
» parce qu'il ne peut être convenu en seul pour de pareilles
» demandes ; il faut qu'elles soient formées contre la femme,
» et le mari ne doit être assigné que pour l'autoriser et
» rendre compte des jouissances, s'il en a faites et per-
» çues (1). »

Salviat atteste que telle était la jurisprudence du parlement de Bordeaux : « Quoique le mari puisse intenter les
» actions personnelles, en qualité de mari, pour les biens
» dotaux, il ne peut néanmoins défendre aux actions réelles,
» comme désistat, décret et autres qui portent aliénation
» du fonds. La femme doit être dans l'instance procédant
» sous l'autorité du mari, ou, à son refus, sous celle de la
» justice ; et les procédures qui sont faites dans le cas
» susdit avec le mari seul, sans que la femme y soit ap-
» pelée, sont nulles et cassables (2). »

Dunod, examinant si la prescription court contre la

(1) *De la dot*, t. 1, nos 217, 219, 220.
(2) *Jurisp. du parl. de Bordeaux*, p. 106 ; Lapeyrère, lettre M.,
no 17.

femme au sujet des actions pétitoires qui concernent la dot, s'explique au sujet de ces actions, et dit qu'elles appartiennent à la femme et non au mari : « Quant aux autres biens
» dotaux (ceux qui ne consistent pas en poids, nombre ou
» mesure, ou qui n'ont pas été estimés), quoique le mari,
» *à raison de sa jouissance et de son administration*, ait
» quelque chose de plus qu'un simple usufruit, il n'y a ce-
» pendant qu'un domaine civil et fictice qui le rend posses-
» seur, et par rapport auquel notre coutume (celle de
» Franche-Comté, pays de droit écrit) lui donne le droit
» d'exercer pour lui-même, sans procuration de sa femme,
» les actions possessoires de la dot. Le domaine naturel et
» véritable demeure toujours à la femme. C'est pourquoi
» notre coutume veut qu'elle agisse elle-même au péti-
» toire, et, par conséquent, la prescription doit courir
» contre elle toutes les fois qu'elle n'est pas réputée em-
» pêchée d'agir contre son mari (1). »

Le parlement de Paris appliquait la même jurisprudence aux pays de droit écrit situés dans l'étendue de son vaste ressort, notamment à l'Auvergne (2). Et, à cette occasion, je fais remarquer que si Domat, qui était avocat du roi au présidial de Clermont, avait enseigné, comme le prétendent MM. Tessier et Troplong, que les actions pétitoires appartenaient au mari, il serait vrai de dire que ce jurisconsulte n'aurait pas connu la jurisprudence de son parlement, ce qui n'est pas admissible.

Telle était aussi la jurisprudence du parlement de Grenoble, ainsi que je l'établirai tout à l'heure.

Cette jurisprudence était tellement certaine, qu'elle fut reproduite et vulgarisée par les auteurs du Nouveau Denisart comme expression du droit commun dans les pays de dota-

(1) *Des prescriptions*, part. 3, ch. 3, p. 284 et 285.
(2). V. *supra*, p. 18 *bis*.

lité : « Quant aux droits et actions qui sont relatives à la
» propriété du fonds dotal, le mari ne les peut exercer au
» nom de sa femme à qui ils appartiennent. De même, les
» demandes et procédures dirigées contre le mari seul,
» pour ce qui ne concerne que l'usufruit de la dot, sont
» valables ; mais elles sont nulles s'il s'agit de la propriété
» du fonds dotal ; il faut, dans ce dernier cas, qu'on s'a-
» dresse à la femme et au mari, sans l'autorisation duquel
» la femme ne peut point paraître en justice (1). »

Il y avait donc, chose bien rare ! accord parfait en cette
matière entre le droit écrit et le droit coutumier. Conve-
nons-en : si les rédacteurs du Code avaient accordé au mari
seul l'exercice des actions pétitoires, ils auraient été bien
mal inspirés ; ils n'auraient pas même été d'accord avec
eux-mêmes. En effet, ils ont déclaré, et la Cour de cassation
l'a reconnu, qu'ils avaient voulu maintenir l'ancienne jurisprudence de droit écrit. Ils sont allés plus loin : ils ont dit
que le mari n'avait sur la dot qu'un droit de jouissance et
d'administration, et que le § 2 de l'art. 1549 n'était qu'une
conséquence de ce droit. Le tribun Duveyrier s'exprimait
ainsi dans son rapport au Tribunat, le 19 pluviôse an XII :
« Hors le cas de ces stipulations précises (celles des ar-
» ticles 1551 et 1552), le mari n'a que la perception des
» fruits de la dot et son administration. C'est à lui qu'ap-
» partiennent, *en conséquence*, toutes les actions posses-
» soires et conservatoires. C'est lui qui poursuit les débi-
» teurs et détenteurs, et qui reçoit même le remboursement
» des capitaux (Fenet, t. 13, p. 755 et 766). » Il est donc
vrai, comme je l'affirmais tout à l'heure, que le § 2 de l'article 1549 n'est qu'une application du premier, et qu'il ne
se réfère qu'aux actions de jouissance et d'administration.
L'orateur, organe de la section de législation, exclut évi-

(1) V° *Dot*, § 13, p. 121 et 122.

demment les actions réelles par cela seul qu'il ne les nomme pas avec les actions possessoires et conservatoires. Il les exclut si bien, qu'il n'aurait pas pu les accorder au mari sans se contredire. Ne venait-il pas de dire : « Le mari n'a que la perception des fruits de la dot et son administration ; *en conséquence...?* » Les actions réelles n'appartiennent qu'au propriétaire ; on ne l'ignorait pas. Ne serait-il pas bizarre que le Code eût brisé, sans aucune raison, l'uniformité de jurisprudence, lui qui venait nous apporter l'unité de législation ?

L'article 1549 n'a pas en vue les actions pétitoires. Il procède comme l'article 1428, § 2, qui, à l'exemple de l'article 223 de la coutume de Paris et de plusieurs autres, refusait au mari l'exercice des actions relatives aux propres immobiliers par le silence qu'il gardait à cet égard.

L'article 1428, § 2, dit : « Le mari *peut* exercer seul toutes les actions mobilières et possessoires qui appartiennent à la femme. » Ces expressions n'excluent pas l'intervention de la femme pour empêcher une collusion entre son mari et les tiers. C'était la doctrine de Dumoulin : *Adeo ut possit uxor intervenire, etiam invito marito, auctorata a judice, in propriis suis, ne colludatur* (1). Elle est reproduite par l'article 1428.

Mais l'article 1549 est rédigé tout autrement : « Le mari, dit-il, a *seul* le droit de poursuivre les débiteurs et les détenteurs des biens dotaux. » Ces termes excluent l'intervention de la femme dans les actions mobilières, immobilières et possessoires, s'il est vrai que l'article 1549 ait le sens que lui attribue M. Troplong. On est ainsi forcément conduit à cette conséquence que le Code Napoléon protége moins la dot du régime dotal que les propres mobiliers et immobiliers de la femme commune. C'était bien la peine ,

_____

(1) Sur l'article 113 de l'ancienne coutume de Paris.

vraiment, de tant se récrier contre la gêne de l'inaliénabilité
dotale ! Quand le mari voudra aliéner, il n'aura qu'à susci-
ter un tiers complaisant qui se prétendra propriétaire de
l'immeuble dotal, ou qui opposera les plus mauvaises chi-
canes au payement de la dot ; il défendra juste ce qu'il faut
pour écarter les soupçons de fraude, et, par une moderne
cessio in jure, l'aliénation de la dot se consommera devant
la justice, moyennant finances pour le mari, qui, étant censé
avoir perdu un procès et n'avoir rien reçu, n'a rien à restituer.

L'article 1422 apporte des restrictions importantes au
pouvoir du mari sur les biens de communauté. Mais l'article 1549 n'impose aucune limite à ce pouvoir sur la dot
mobilière. Ce silence parle haut ; il devrait faire réfléchir
ceux qui veulent que le droit d'administration mentionné
par l'article 1549 soit le même sur la dot mobilière que
celui dont parlent les articles 1421 et 1422 sur les biens de
communauté. J'en conclus de deux choses l'une : ou que
cette similitude n'existe pas et que le mari n'a qu'un droit
de jouissance et de simple administration sur les biens dotaux, ou que, si elle existe, il a beaucoup plus de droit sur
la dot mobilière du régime dotal que sur les meubles de
communauté, puisqu'il peut en disposer à titre gratuit sans
aucune restriction.

Ces énormités n'ont pas arrêté M. Troplong. L'une d'elles
cependant l'a frappé ; voici à quelle occasion : MM. Rodière
et Pont, auteurs d'un excellent livre sur le contrat de mariage, prenant au sérieux la doctrine qui accorde au mari
l'exercice des actions pétitoires dotales, et pensant que l'adoption du régime dotal valait une exclusion de communauté,
ont décidé, par argument de l'article 1549, que sous le
régime sans communauté, auquel s'appliquent les articles
1531 à 1535, le mari avait qualité pour répondre seul aux
actions immobilières relatives aux propres de la femme.

M. Troplong n'approuve pas cette décision, parce que les articles 1531 et 1532 sont gouvernés par l'article 1428 et non par l'article 1549. Mais il se trouve serré par l'analogie frappante qui domine les deux situations, et il se tire d'embarras en disant : « Si l'article 1549 donne au mari l'exer» cice des actions immobilières relatives à la dot, c'est là » une anomalie dérivant des idées romaines sur la condition » des femmes et sur le droit du mari relativement à la dot (n° 2255). Vient ensuite l'article 1549. Il faut prouver qu'il accorde au mari seul l'exercice des actions pétitoires, pour pouvoir conclure que le mari est propriétaire et qu'il peut disposer : c'est là l'unique base du système de M. Troplong. Alors l'anomalie disparaît, et le célèbre magistrat vous dit : « D'où peut sortir un pareil droit si énergiquement caractéristique du droit de propriété, sinon des principes du droit romain *précieusement conservés* par le Code civil ? (N° 3102.) »

Ces idées des Romains sur la condition des femmes étaient vraies sous le régime de la *manus :* Caton reprochait aux matrones de paraître au *forum* et aux réunions d'hommes : *Et jam vix foro se et concione abstinent* (1). Mais le furent-elles après la loi Julia, lorsque le régime dotal eut acquis tout son développement ? La pensée de M. Troplong est que la femme était incapable d'exercer les actions qui intéressaient sa dot, et que son mari était son procureur-né pour les exercer à sa place. L'éminent magistrat invoque la loi 21, C. *De procurat.*, à laquelle il donne un sens qu'elle n'a pas. Plusieurs textes du Digeste prouvent que la femme n'était pas incapable d'agir au sujet de sa dot. Les lois 75, *De jure dot.*, 63, *De re judic.*, et 71, § 3, *De condit. et demonst.*, en offrent des exemples remarquables. Ce point de départ de M. Troplong est donc fautif. Il a pour objet de placer la

(1) Tite-Live, xxxiv, 1.

femme du régime dotal dans la même condition que celle du régime de la *manus* romaine et du *mundium* germanique. Dans notre vieux droit coutumier, à l'époque où il se confondait avec les lois des Barbares, la femme était incapable d'exercer aucune action en justice ; tous ses droits et actions appartenaient au mari, seigneur et maître de sa personne et de ses biens.

La *manus* romaine et le *mundium* germanique ne diffèrent que par des nuances ; si bien que de fort bons esprits les ont confondus et ont cru que le régime de communauté venait du droit romain (1). Donc, si l'on parvenait à faire croire que les rédacteurs du Code ont conservé le droit romain, non pas celui de Justinien, ni même celui des jurisconsultes qui ne frappe point la femme d'incapacité, mais le droit héroïque et quiritaire de la *manus*, le régime dotal se trouverait placé, sous le nom de droit romain, dans les principes du germanisme et du droit coutumier, moins les progrès que le droit coutumier et le droit écrit ont faits relativement à l'exercice des actions.

Le 19 décembre 1855, la Cour de cassation, présidée par M. Troplong, a décidé que, « dans les pays de droit écrit, » le mari avait le droit d'exercer, en demandant comme en » défendant, les actions dotales, soit comme conséquence » de la propriété, soit comme conséquence de la puissance » que les lois romaines lui avaient conférée. » Il s'agissait de savoir si, dans la jurisprudence du parlement de Grenoble, l'exercice des actions pétitoires dotales appartenait au mari seul. L'arrêt se prononce pour l'affirmative ; mais il se charge lui-même de prouver tout le contraire de ce qu'il décide, par le peu qu'il dit de la doctrine des anciens juris-

(1) Bouhier, *Coutume de Bourgogne*, t. 1, p. 175 : M. Giraud, *Essai sur l'histoire du droit français*, t. 1, p. 156. — On trouve la même idée dans les rapports qui ont précédé le Code Napoléon.

consultes du Dauphiné. En effet, il avoue que ces jurisconsultes, qui étaient tous arrêtistes, accordaient l'action à la femme pour la revendication des choses dotales *exceptionnellement, lorsqu'il n'y avait pas eu estimation* (1). Là où la Cour n'a vu qu'une exception , je vois tout un principe et l'application de la règle : *æstimatio venditio est.* Dunod, dont je viens de citer les paroles, ne s'y était pas trompé.

Enfin, M. Troplong, après avoir dit que le mari, quasi-propriétaire, a le droit de revendiquer la chose dotale, d'en jouir, d'en disposer, quand elle est mobilière, ajoute : « Effacez cette qualité, vous tombez dans la confusion et ne savez plus à quoi vous en tenir. »

Ces assertions m'étonnent. Tout s'explique, au contraire, avec simplicité et clarté , en effaçant cette quasi-propriété du mari, ce prétendu droit d'exercer les actions pétitoires et de disposer de la dot mobilière. Le mari n'ayant qu'un droit d'administration et de jouissance, on comprend alors, sans avoir besoin de recourir à la supposition extrême d'une anomalie législative, pourquoi l'article 1549 n'accorde qu'à lui seul le droit qu'il mentionne. Alors aussi l'on comprend que l'article 1551 dise dans quels cas le mari devient propriétaire des meubles dotaux; tandis que s'il le devient dans tous les cas, ce texte est inintelligible. On s'explique enfin pourquoi le mari , simple administrateur, est assujetti par l'art. 1564 à restituer les meubles dotaux iden-tiquement, en nature et sans délai. Ne pouvant pas les aliéner, ses créanciers ne pouvant pas les faire saisir, il doit les avoir sous sa main quand arrive le moment incertain de la dissolution du mariage. Si le mari peut aliéner, l'obligation de restituer en nature est un contre-sens. M. Troplong n'a pas même tenté de faire concorder l'article 1564 avec son système. J'ouvre son livre au commentaire de

(1) Dalloz, 1856, 1, 16.

l'article 1554 (n° 2226, 2227, 3243), et j'y lis que le mari
est propriétaire de la dot mobilière, qu'il peut en disposer. J'ouvre le même livre au commentaire de l'article 1549,
n° 3099, et j'y lis encore : « Il est évident qu'il manque
beaucoup de conditions au mari pour être pleinement
propriétaire de la dot; le mari doit rendre la chose; il
ne peut l'aliéner. » L'article 1564 n'est pas susceptible
d'équivoque; il réproduit l'ancienne jurisprudence. « Dans
» le pays de droit écrit, dit Denizart, quand la dot n'a pas
» été estimée par le contrat de mariage, ce sont les objets
» mêmes donnés en dot qu'il faut restituer, et non pas
» d'autres objets de même nature, à moins que ces objets
» se consomment par l'usage, tels que du blé, du vin...
» (v° *Dot*, § 17, n° 1). » M. Troplong dit sur cet article,
n° 3614 : « La restitution doit être complète; elle embrasse
tout ce que le mari a reçu... C'est un dépôt, il doit être restitué avec fidélité. » Ainsi, le droit du mari sur la dot mobilière est de la nature du caméléon : propriété et pouvoir
d'aliéner dans l'art. 1549, dépôt et inaliénabilité dans l'article 1564. Tout dépend de l'endroit où on le voit. L'arrêt
de la Cour de cassation du 6 décembre 1859 l'a vu dans
l'article 1549. A quoi tient le sort d'un pourvoi! Pour moi,
il m'est impossible de rien comprendre à ce problème juridique, impossible de croire même que les rédacteurs du
Code aient voulu poser de ces sortes d'énigmes aux géné-
rations futures !

Revenons à l'article 1549. M. Troplong accorde au mari
seul le possessoire et le pétitoire, les actions personnelles
et réelles (n° 3105) ; il ne recule pas devant l'anomalie qu'il
avoue. Cette doctrine heurte l'article 83 du Code de procédure civile, ainsi conçu : « Seront communiquées au
procureur impérial... 6° les causes des femmes non autorisées par leurs maris, ou même autorisées, lorsqu'il s'agit
de *leur dot* et qu'elles sont mariées sous le régime do-

tal. » Ce texte suppose bien positivement que la femme dotale est en cause, lorsqu'il s'agit de sa dot. Mais elle ne peut pas y être dans aucun cas, suivant la doctrine de M. Troplong. Donc cette doctrine est inexacte.

L'article 83, § 6, a une portée bien plus large. Il établit une distinction fondamentale entre la dot du régime dotal et celle du régime de communauté, tandis que la doctrine de M. Troplong les assimile. S'il s'agit de la dot du régime de communauté, la cause n'est plus communicable lorsque la femme est autorisée. Mais les choses changent de face, s'il s'agit de la dot du régime dotal : la cause est communicable dans tous les cas, sans que l'on puisse distinguer si la femme est autorisée ou non par son mari. La raison de cette différence, c'est que la dot du régime de communauté est aliénable par la femme autorisée de son mari, tandis que celle du régime dotal est inaliénable même par la femme autorisée. Telle est l'explication qui fut donnée par M. Faure, orateur du gouvernement, motivant la disposition de l'article 83, § 6, du Code de procédure civile (V. Locré, *Esprit du Code de procédure*, t. 1, p. 197).

Il est donc certain que la communication au ministère public est exigée parce que la dot est inaliénable et parce que la loi place cette inaliénabilité jusqu'à la hauteur d'un principe d'intérêt public. *La dot*, entendez-le bien, sans distinguer si elle est mobilière ou immobilière. Si l'art. 1554 avait dit : *La dot ne peut être aliénée...*, il faudrait bien admettre l'inaliénabilité de la dot mobilière. Eh bien! ce que l'art. 1554 ne dit pas, l'article 83, § 6, le dit. L'argument *à contrario* fourni par l'art. 1554, et dont la doctrine contraire a tant abusé, est donc faux.

Si l'art. 1554 ne dit pas *la dot* ou *les biens constitués en dot ne peuvent être aliénés...*, c'est parce qu'il ne pouvait pas le dire sans aller trop loin, beaucoup plus loin que l'ancienne jurisprudence de droit écrit. En effet, quand

les meubles constitués en dot consistent en choses fongibles, le mari en devient propriétaire; il peut les aliéner.
Quand ils consistent en objets non fongibles, mais mis
à prix, sans déclaration que l'estimation n'en fait pas
vente, le mari en devient encore propriétaire; il peut en
disposer. Quand ils ne sont ni fongibles ni estimés, le mari
n'en devient pas propriétaire, il ne peut pas en disposer;
mais, s'il le fait, les tiers de bonne foi sont protégés contre l'action en revendication par la maxime : *En fait de
meubles, la possession vaut titre.* Ici il y a encore une pré-
cision à faire : la maxime de l'art. 2279 ne s'applique pas
aux meubles incorporels. En prenant le parti de s'expliquer
sur l'inaliénabilité des meubles dotaux, il ne fallait pas
moins de quatre ou cinq articles pour exprimer toutes les
distinctions qui précèdent. On sait que le régime dotal n'a
pris place dans le Code Napoléon que par accident, à la suite
des réclamations élevées par les députés du Midi. Les qua-
rante articles qui lui sont consacrés ne faisaient point partie
du projet primitif : ils furent ajoutés avec précipitation,
comme un appendice au titre *du contrat de mariage.* C'est
ce qui explique la sobriété du chapitre III et la déclaration
que l'on s'en rapportait à l'ancienne jurisprudence de droit
écrit. Il faut ajouter que les rédacteurs du Code venaient
de déclarer dans quels cas le mari devenait propriétaire de
la dot mobilière (art. 1551), ce qui supposait bien que,
dans les autres cas, il ne le devenait pas (art. 1566). Ils
ne crurent pas avoir besoin de déclarer que le mari ne
pourrait pas aliéner toutes les fois qu'il ne serait pas propriétaire. « Le mari, disait le tribun Siméon, puisqu'il n'est
qu'usufruitier, ne peut aliéner ce qui ne lui appartient
pas. » Leur opinion, bien clairement exprimée, était que,
dans l'ancien droit écrit, le mari ne pouvait aliéner la dot
mobilière. Comment donc auraient-ils pu croire que la
qualification de *maître de la dot,* qui lui était donnée par

l'ancienne jurisprudence de droit écrit, pourrait être interprétée en ce sens qu'il serait propriétaire dans le cas même où ils disaient qu'il ne l'était pas? C'est ici le cas d'appliquer la doctrine de Dumoulin : *Si materia dictat unum expressum, et verba contrarium, non credam simplici verbo, quod materia plus inspicitur quam verbum* (1).

Viennent ensuite les art. 1555 et 1556; chacun d'eux renferme une exception au principe d'inaliénabilité. Mais, chose remarquable! les deux exceptions portent sur *les biens dotaux*, expression dont la généralité embrasse la dot mobilière et immobilière. Il est absurde que l'exception soit plus étendue que la règle, et que la loi fasse exception à la règle pour les meubles, s'il est vrai que cette règle ne comprenne que les immeubles. D'où l'on conclut que le mot *immeuble*, dans l'art. 1554, n'exclut pas les meubles dotaux dont le mari n'est pas devenu propriétaire. M. Troplong ne voit dans les articles 1555 et 1556 qu'une assez petite difficulté de texte; il les interprète par l'art. 1554, et ne donne pas aux mots *biens dotaux* d'autre sens que celui d'*immeubles dotaux*, tandis que j'interprète l'art. 1554 par les art. 1555 et 1556. M. Troplong affirme que les biens dotaux dont parlent ces deux articles sont de la même nature que les biens dont parle l'art. 1554 (n° 3256). Je réponds que c'est tout le contraire, et que les biens dont parle l'art. 1554 sont de même nature que ceux dont parlent les art. 1555 et 1556, puisque l'exception, quand elle est plus étendue que la règle, cesse d'être l'exception, et devient elle-même la règle.

Dans le système qui interprète les art. 1555 et 1556 par l'art. 1554, il n'existe pas de texte qui autorise la femme à donner ses meubles dotaux pour l'établissement de ses en-

(1) *Des Fiefs*, glose 4, n° 25, p. 116.

7

fants. Effectivement M Troplong, dans le commentaire des art. 1555 et 1556, restreint aux immeubles dotaux le droit accordé à la mère de disposer de ses biens dotaux pour l'établissement de ses enfants du premier lit (n° 3341, *in fine*). Le savant magistrat n'en dit pas la raison. A quoi bon? elle n'est pas autre que la maîtrise, la quasi-propriété qu'il accorde au mari sur la dot mobilière. Par la constitution de dot, la créance est tombée dans la puissance et la communauté du mari, qui a le droit d'en disposer et d'en spéculer. Or, il est de principe, en droit coutumier, que la femme, même autorisée par justice, ne peut faire aucun acte qui porte atteinte aux droits du mari sur les biens de communauté, excepté dans le cas prévu par l'art. 1427; elle ne peut engager que la nue propriété de ses biens propres, et les meubles dotaux ne sont pas des propres de la femme sous le régime dotal, puisque le mari en a la propriété et la disposition. Ici la théorie du double domaine sur la dot est forcée de se déployer et de laisser apparaître tout ce qu'elle a de vide. Le domaine naturel de la femme ne lui permet pas de disposer de la dot mobilière, même pour remplir un devoir naturel. Quand on part d'un principe de communauté, on ne peut pas arriver à des conséquences de dotalité.

Pour ceux qui n'accordent au mari, sur la dot mobilière, qu'un droit de jouissance ayant pour accessoire le droit d'administration, l'art. 1555 est simple et clair comme le jour : en réservant l'usufruit au mari, il lui réserve tous ses droits, et alors la femme peut disposer de la nue propriété pour l'établissement de ses enfants nés d'un précédent mariage.

M. Marcadé s'est laissé influencer, lui aussi, par les préjugés de communauté; il a dit, après M. Troplong, que le mari est *procurator in rem suam* de la femme pour disposer de la dot mobilière (1) ; il a cru changer les choses en changeant les mots. L'origine et le sens des mots *procurator in rem suam* sont bien connus. Dans les principes généraux du droit romain, la propriété était transmise par la tradition. Les choses incorporelles, telles que les créances, n'étant pas susceptibles d'appréhension matérielle, ne pouvaient pas être l'objet d'une tradition véritable. Les prudents tournèrent la difficulté par l'expédient du mandat : le cédant constitua le cessionnaire son mandataire avec les pouvoirs les plus étendus ; celui-ci fut un propriétaire du droit cédé, *procurator in rem suam*.

Sous le Code Napoléon, les droits sont susceptibles de tradition et de possession (art. 1607 et 2228), et le détour employé par le droit romain n'a plus aucune raison d'être chez nous. Le *procurator* de M. Marcadé n'est que le *dominus dotis* de M. Troplong, sous un nom différent. La seule constitution de dot ne transfère pas au mari les pouvoirs d'un cessionnaire, ni d'un propriétaire ; elle ne lui transmet qu'un droit de jouissance, qui a pour conséquence celui d'administration.

Il peut arriver que la femme, sans se soumettre au régime dotal, se marie sans communauté ; ce cas est régi par les articles 1530 à 1535. Le commentaire de M. Troplong sur ces articles n'accorde au mari qu'un droit de simple administration sur les meubles et immeubles de la femme, tout en reconnaissant que ce droit est une conséquence de la puissance maritale. Ici le mari est *dominus dotis*, seigneur et maître des propres de la femme, soit mobiliers, soit immobiliers, et cependant il ne peut les aliéner : *Vocatur dominus*, disait Dumoulin, *non tamen alienare potest*. Il ne suffit donc pas de prouver que le mari était *maître de la dot* en droit écrit, ce que personne ne conteste ; il faudrait

(1) V. *Rev. crit. de lég.* 1852, 1ʳ part., p. 458.

prouver en outre que cette qualification renfermait quelque chose de plus que le droit de jouissance et de simple administration.

L'art. 1500 prévoit le cas où la femme a exclu de la communauté tout ou partie de son mobilier. Le mari en a la jouissance et l'administration; mais il n'en a pas la disposition. C'est ce qu'a décidé la Cour de cassation, le 2 juillet 1840, par un arrêt fondamental qui vise, entre autres textes, l'article 1551 relatif au régime dotal (1). Chose singulière ! ce même article n'a plus aucune valeur quand il s'agit de décider la question sous le régime pour lequel il a été fait : la Cour se contente alors de viser l'art. 1549 (*V.* l'arrêt du 6 décembre 1859). Ce n'est pas tout, et l'inconséquence ne devait pas s'arrêter là. Dans un autre arrêt du 25 juillet 1842 (2), la Cour suprême nous dit que le *régime dotal est une garantie accordée aux femmes contre leur propre faiblesse et les abus de la puissance maritale.* Au contraire, dans l'arrêt de 1859, elle invoque *les droits et le pouvoir du mari sur la dot mobilière.* Dans quel cas la Cour de cassation se trompe-t-elle ? Est-ce lorsqu'elle dit qu'il faut protéger la femme contre les abus de la puissance maritale ? ou bien lorsqu'elle livre la dot mobilière aux abus de cette puissance ? L'arrêt de 1859, rapproché de ceux de 1840 et 1842, conduit à une conséquence prodigieuse : c'est que, sous le régime dotal, la constitution de dot n'a pas même l'effet que produit la clause de réalisation sous le régime de communauté.

Les rédacteurs du Code seraient fort étonnés s'ils voyaient comment on interprète aujourd'hui leur œuvre, eux qui déclaraient que le mari n'avait que la jouissance et l'administration de la dot, qui supposaient que l'inaliénabilité

(1) Dalloz, *Contr. de mar.*, no 2702.
(2) Dalloz, *Contr. de mar.*, no 3610.

n'en empêchait pas trop longtemps la disposition et le commerce. Ils pensaient aussi que les parlements de droit écrit déclaraient la dot mobilière inaliénable, et n'admettaient pas que le mari pût en disposer.

On veut que le mari soit propriétaire ou quasi-propriétaire de la dot ; les rédacteurs du Code ont dit qu'il ne l'est pas. On veut qu'il puisse disposer ; les rédacteurs du Code ont déclaré qu'il ne le peut pas, et qu'il n'a que la jouissance et l'administration de la dot. En équivoquant sur les mots : *maître de la dot*, on s'efforce de rétablir, comme *fac-simile* de communauté, l'anomalie du droit romain ; on efface, d'un trait de plume, le droit de Justinien, l'ancienne jurisprudence des parlements du Midi et les rapports des orateurs du gouvernement, dont on trouve fort commode de ne pas dire un mot.

Les créanciers du mari peuvent-ils faire saisir les meubles dotaux ?

On le soutient, car, sous le régime de communauté, il est de principe que *quiconque a action contre le mari, a action contre la communauté*. Ce système est radicalement condamné par un arrêt inédit de la Cour de Poitiers du 17 juillet 1860 :

Mlle de Grandseigne d'Hauterive s'était mariée sous le régime dotal, dans le département des Hautes-Pyrénées, avec M. d'Arroy de la Rivière, capitaine de cavalerie. Pendant que les époux habitaient Niort, un sieur Barreteau, créancier du mari, fit pratiquer à leur domicile une saisie-exécution qui porta sur plusieurs meubles dotaux à madame d'Arroy. Celle-ci en demanda la distraction, suivant les formes prescrites par l'article 608 du Code de pr. civ. Cette demande fut rejetée par le tribunal de Niort.

Mais, sur l'appel, la Cour de Poitiers réforma ce jugement par arrêt (encore inédit) du 17 août 1860, et ordonna la distraction des meubles dont la dotalité était justifiée :

« Attendu que les articles 1541 et suivants du Code Napoléon rendent la dot mobilière inaliénable ; que les meubles
corporels peuvent, comme les créances et les immeubles ,
être placés sous la protection de la dotalité ; que la dot a
été donnée aux époux pour soutenir les charges du mariage ;
que les meubles corporels, indépendamment de leur valeur
réelle que l'affection ou la piété peuvent y attacher, sont
pour la famille d'une utilité nécessaire ; que le législateur a
réglé leur sort d'une manière spéciale, quand il a maintenu
le régime dotal ; qu'il en conserve la propriété à la femme,
à moins qu'ils ne soient estimés dans le contrat (art. 1551
C. N.); mais que le mari, obligé à les conserver en nature,
ne doit pas compte de ceux qui ont dépéri par l'usage et
sans sa faute ; qu'elle doit reprendre ceux qui restent et
dans l'état où ils se trouvent (art. 1566) ;

» Attendu que les meubles corporels frappés d'inaliénabilité par la dotalité ne peuvent pas être saisis et vendus à
la requête des créanciers des deux époux ;

» Attendu qu'on dirait en vain que la créance dont il
s'agit au procès a pour principe de grosses réparations faites
pour la conservation d'un immeuble dotal ; qu'aux termes
de l'article 1558 du Code Napoléon, cette créance pourrait
amener la vente de ces immeubles ; qu'à plus forte raison
elle doit permettre la vente du mobilier ;

» Attendu que, fût-il démontré (ce qui n'est pas dans l'espèce) que la créance de Barreteau a pour cause de grosses
réparations faites à la maison dotale de la dame d'Arroy, on
ne devrait pas en tirer la conséquence qu'il serait permis de
saisir et faire vendre les meubles dotaux ; qu'en droit, ce
serait un moyen détourné et facile d'aliéner la dot mobilière
et créer au préjudice de la femme dotale et au profit des
créanciers un bénéfice de discussion ou un privilège qui
n'existent pas dans la loi ;

» Attendu que les époux d'Arroy sont mariés sous le

régime dotal ; que l'article 5 de leur contrat de mariage
déclare que tous les biens meubles et immeubles présents
et à venir de la future épouse seront dotaux et, comme tels,
assujettis à toutes les dispositions de la loi sur cette espèce
de biens, à l'exception seulement des biens meubles et immeubles provenant de la succession de feu Mlle de Chateau-
bardon ; qu'il est cas de rechercher quels sont, parmi les
meubles saisis, ceux qui sont atteints par les dispositions
contractuelles, etc...;

» La Cour, faisant droit sur l'appel des époux d'Arroy,
dit qu'il a été mal jugé par le jugement dont est appel , qui
demeurera sans effet ; ordonne que les meubles plus haut
énumérés seront distraits de la saisie faite par Barreteau ,
comme étant la propriété exclusive et dotale de la dame
d'Arroy ; dit qu'ils seront remis à ladite dame par le gar-
dien... »

La doctrine contraire est toujours dominée par des préoccupations de communauté. Ainsi, M. Troplong dit : « Comment, en effet (si la dot mobilière était inaliénable par le
mari), le commerce des meubles serait-il possible? Qui
oserait acheter des objets mobiliers d'un homme marié?
Qui se croirait sûr dans ses transactions avec lui (nº 3231)? »
La réponse n'est pas difficile. Si les tiers ont connu la dotalité des meubles , pourquoi achetaient-ils le bien d'autrui? S'ils l'ont ignoré, ils sont protégés par l'article 2279.
M. Troplong ajoute : « On a parfaitement compris que la
nécessité de donner une garantie aux femmes ne pouvait
pas aller jusqu'à enlacer dans une immobilité artificielle et
fatale pour le commerce quotidien de la vie, des choses dont
la nature est mobile et qui tiennent leur principale utilité
de leur facilité à s'échanger. La femme elle-même serait
lésée dans ses intérêts, si, aujourd'hui que la richesse mobilière a acquis un si grand développement, où tant de femmes sont dotées avec des rentes sur l'État , des actions sur

les chemins de fer, etc., un mari prévoyant ne pouvait prévenir une baisse en les aliénant quand elles sont en hausse (n° 3247). » Si l'on a si bien compris cela sous le régime dotal, pourquoi ne l'a-t-on pas compris de même sous celui de l'article 1500 et des articles 1530 à 1535 ? Serait-ce parce que les raisons ne seraient pas les mêmes ? L'article 1531 accorde au mari l'administration et le droit de percevoir le mobilier dotal. Peut-il disposer de ce mobilier ? Nullement : M. Troplong ne lui reconnaît qu'un droit de simple administration (n°ˢ 2250 et suiv.). Il est difficile de comprendre que, sous le régime dotal, le régime conservateur par excellence, le mari ait plus de pouvoir sur les meubles dotaux que sur les meubles du régime sans communauté. M. Troplong traduit ces mots de l'article 1531 : *percevoir tout le mobilier*, par ceux-ci : *poursuivre les débiteurs des valeurs mobilières*. Les mêmes expressions dans l'article 1549 signifient, aux yeux de M. Troplong, le pouvoir de disposer ; mais elles n'ont plus le même sens dans l'article 1531.

L'article 46 de la loi de finances du 2 juillet 1862, tranchant une question controversée dans la jurisprudence, porte : « Les sommes dont le placement ou le remploi en immeubles est prescrit ou autorisé par la loi, par un jugement, par un contrat ou par une disposition à titre gratuit, entre-vifs ou testamentaire, peuvent être employées en rentes 3 p. 0|0 de la dette française, à moins de clause contraire. » Ce texte condamne les idées qu'invoque M. Troplong pour prouver que le mari, administrateur prudent, doit pouvoir prévenir la baisse des rentes dotales en les aliénant. Si elles étaient vraies, le remploi en rentes sur l'État, au lieu d'être avantageux à la femme, lui serait fatal. Le législateur a compris qu'à côté des chances de baisse sont les chances de hausse. Et les tuteurs, les usufruitiers, les grevés de restitution, doivent-ils donc être des admi-

nistrateurs moins prudents que les maris ? Faut-il dire aussi
que leur droit d'administration comporte celui de disposition ? que, s'il en était autrement, le commerce des meubles
serait trop gêné ? Il semble bien qu'il faille aller jusque-là ;
car on lit dans l'arrêt de la Cour de cassation, du 6 décembre 1859, que « la dot mobilière, soumise par sa nature
même à des chances diverses d'altération ou de perte,
devait, dans les vues du législateur, comporter tous actes
de disposition qui permettraient au mari d'en faire l'emploi
le plus utile à l'intérêt de la famille. » Quand la nature des
choses est la même, les vues particulières du législateur ne
peuvent pas être différentes.

C'est bien là le droit d'administration tel que l'entendait
M. Delangle : *pour administrer des objets mobiliers et les
rendre productifs, il faut en spéculer, il faut les vendre,
les échanger, les dénaturer...* Ainsi, à force de vouloir
prouver que l'administration de la dot mobilière renferme le droit d'en disposer, on s'est condamné à une
doctrine générale qui, en fait de meubles, assimile le droit
d'administration au droit de propriété et de disposition. La
formule de la nouvelle doctrine sera celle-ci : *En fait de
meubles, l'administration vaut disposition.*

Je me trompe quand je dis *la nouvelle doctrine;* elle est
ancienne. Il y a près de 150 ans, un aventurier célèbre par
les ruines et les malédictions qu'il devait laisser après lui,
Law, traversa les mers pour apporter en France l'esprit de
spéculation et d'agiotage. Son système fut attaqué et défendu. Un de ses apologistes, l'abbé Terrasson, soutint une
doctrine qu'il formula par cette proposition : *Nous n'avons
sur nos biens qu'un droit de circulation* (1).

En 1849, M. Homberg, avocat à Rouen, publia, dans la
Revue de législation, un article qu'il intitula carrément :

(1) V. M. Oscar de Vallée, les *Manieurs d'argent.*

Abus du régime dotal. L'auteur de cette monographie avoue
ceci : « Aujourd'hui l'on cherche les moyens de mettre la
législation civile en harmonie avec les besoins du crédit
privé et l'état économique de notre société. »

C'est en 1851 que M. Troplong a fait paraître son commentaire du *Contrat de mariage.* Les doctrines qu'il déve-
loppe sont en opposition fondamentale avec celles de
M. Tessier, dans son *Traité de la dot.* Le savant jurisconsulte
bordelais a repris la plume et a répondu à M. Troplong
(*Questions de la dot*). Voici comment cette controverse a
été appréciée dans la *Revue de Législation,* t. 44, p. 288 :

« Peut-être la divergence vient-elle de ce que M. Tessier
s'est attaché avec un scrupule rigoureux à la tradition ; il
jette l'ancre dans le passé, tandis que son contradicteur,
remplissant en quelque sorte l'office du droit prétorien,
tient plus de compte de la réalité présente et des besoins
de la société moderne, en recherchant, avec son érudition
inépuisable et sa logique puissante, à s'affranchir des conséquences désastreuses que risquerait de produire une
obéissance trop absolue à d'anciennes interprétations. »

On avait cru, jusqu'à ces derniers temps, que, pour bien
interpréter les lois, il fallait remonter à l'origine et à la
nature même des choses, interroger les traditions, décou-
vrir la pensée du législateur. Le respect des traditions figu-
rait en première ligne dans les éloges des magistrats.
(V. Bossuet, *Oraison funèbre de Michel Letellier.*) Il a fait le
sujet du dernier discours de rentrée prononcé devant la
Cour de cassation.

Leibnitz a dit un mot qui revient à celui-ci : *Le droit,
c'est de l'histoire* (1).

Aujourd'hui l'on dit : *Le droit, c'est de l'économie sociale.*

_____

(1) Illa ipsam jurisprudentiæ substantiam ingreditur historia.
(Nova Methodus).

Le plus grand jurisconsulte, c'est le plus grand économiste, et l'on place la société chez les agents de change, les banquiers ou à la bourse.

Quand faut-il chercher ses convictions dans la tradition? quand, dans les tendances économiques du moment?

Tout récemment la Cour de Douai, dans une affaire qui a fait du bruit, avait cherché et même trouvé le moyen de mettre les art. 2071 et suivants du Code Napoléon *en harmonie avec les besoins du crédit privé* et les procédés économiques des manieurs d'argent. Cette décision a été cassée par un arrêt de la Cour suprême, précédé d'un magnifique réquisitoire de M. le procureur général Dupin, dans lequel on lit : « Une secte audacieuse s'est levée tout à coup : elle n'a vu dans les prescriptions de la loi que des entraves dont elle a formé le dessein de s'affranchir. Elle a reproché ironiquement aux magistrats d'être trop jurisconsultes... Ces novateurs ont présenté l'esprit des légistes comme un esprit étroit, opposé au développement de tout ce que, à défaut d'un titre plus net, on appelle *la spéculation.* Ils ont invité, comme à une sorte de gloire nouvelle, ceux qui voudraient les seconder à les suivre dans cette région éthérée (1) ! »

Dans les idées de communauté, l'inaliénabilité de la dot mobilière par le mari est un principe qui a des *conséquences désastreuses*, et dont il faut s'affranchir. Au contraire, dans les idées du Midi, l'aliénabilité des dots est un principe qui a des conséquences tout aussi désastreuses : c'est là l'économie sociale des pays de droit écrit, c'est leur tempérament, leur régime. Il y a deux théories économiques, et chacune d'elles a servi de base à un régime matrimonial différent : l'une est celle de la conservation ; l'autre, celle de l'acquisition. Les avantages de l'une valent ceux de l'au-

(1) M. Dalloz, Rec. per., 1862, 1, 310.

tre. Il y a dix-huit siècles que cette pensée a été exprimée
par Ovide : *Nec minor est virtus quam quærere parta tueri.*
Le mot *économie* signifie *loi* (οικος νομος). L'économie par laquelle on veut interpréter le régime dotal est celle de l'acquisition et de la disposition ; en d'autres termes , c'est la
loi de communauté qui, sous prétexte qu'elle est la meilleure, veut imposer son principe à celle de la dotalité et
l'absorber. Pourquoi la loi de dotalité n'aurait-elle pas la
même prétention contre celle de communauté? Quelle raison y a-t-il d'imposer la communauté à la dotalité, plutôt
que la dotalité à la communauté? Ne me dites pas que c'est
la raison économique ; car si, pour vous, l'économie est
dans la loi de disposition, pour moi elle est dans celle de
conservation : *Pour la conservation des maisons nobles et
autres*, disaient, en langue romane, les *Statuts de Provence.*

. Vous le voyez, c'est toujours la vieille question de pré-
férence des deux régimes opposés. Il y a plus de trois siècles
que Pasquier la posait en ces termes : « Interrogez ceux
qui sont nourris au pays de droit escrit ; ils vous diront que
la séparation de biens (le régime dotal) est , sans comparaison, meilleure que la communauté ; et ceux du pays de
coustume donneront leur arrest en faveur de la communauté de biens; tant a de tyrannie sur nous un long et
ancien usage (1). » Les rédacteurs du Code ont donné la
seule solution possible. Au lieu de tenter l'impossible et de
faire prédominer l'un de ces régimes sur l'autre, ils ont eu
la sagesse de les admettre tous deux , en laissant aux ci-
toyens la faculté de choisir celui qui leur conviendrait le
mieux. En prenant ce parti de conciliation et de tolérance,
ils n'ont mutilé aucun des deux régimes, parce que chacun
d'eux était l'expression des mœurs nationales.

Les partisans du droit coutumier n'admettent pas cette

(1) *Recherches de la France*, liv. 4, ch. 21.

variété dans l'unité de notre législation. Pour eux, la variété n'est pas un des caractères du beau. Leur exclusivisme s'efforce de défaire l'œuvre du législateur et de confisquer le régime dotal au nom de l'unitarisme de communauté. Cette fois, le germanisme se couvre des mots magiques de crédit et de circulation, pour faire prévaloir son principe de puissance maritale et de disposition. Ces efforts, au lieu de vaincre le régime dotal, n'ont fait que lui donner plus d'énergie. Depuis que l'on veut que le mari puisse disposer des créances dotales, les femmes ou leur famille ne veulent plus qu'ils puissent même recevoir la dot à l'échéance, sans faire emploi ou remploi.

C'est qu'il y a des lois que les peuples se font et qu'on ne leur fait pas ; le régime dotal est une de ces lois. Elles se confondent avec les habitudes nationales. Les rédacteurs du Code les ont respectées. Montesquieu avait écrit que les lois sont faites pour les hommes, et non les hommes pour les lois. Il paraît que cette vérité est oubliée aujourd'hui, et que, d'après la science économique, telle que le droit coutumier l'entend et la pratique, ce sont les hommes qui sont faits pour les lois, pour celles de la communauté, bien entendu.

La doctrine que je viens de combattre prend à partie l'inaliénabilité de la dot. Pour y parvenir, elle se préoccupe du but plus que des moyens. Son but, c'est de mettre la dot mobilière dans le mouvement ordinaire du droit commun, c'est de favoriser le crédit et les spéculations du mari avec la dot de la femme, en plaçant cette dot dans une espèce de communauté déguisée sous les noms de *pouvoir*, de *maîtrise du mari*. Ce but explique une des nombreuses inconséquences que je viens de relever. Quand il s'agit de la dot mobilière du régime sans communauté et sans adoption du régime dotal, le maître de la dot n'est plus qu'un administrateur ordinaire ; il ne peut pas aliéner. Ce pouvoir de disposition n'est pas nécessaire au but que l'on se propose. On sait bien que le mari, par son influence, obtient presque toujours le consentement de la femme, soit pour aliéner, soit pour s'obliger, et que son crédit s'augmente de tout celui de la femme.

Je lis ceci dans le compte rendu de l'administration de la justice civile en France, comprenant la période des dix dernières années :

« Les instances en séparation de biens, comme les actions en séparation de corps, se produisent, en général, bien plus fréquemment dans les départements du Nord que dans ceux du Midi, dans les départements industriels que dans les départements agricoles. » (Tableau annexé D.—*Moniteur* du 30 juin 1862, *Supplément*, p. 11, 3ᵉ col.)

Parmi ceux qui ne veulent pas de l'inaliénabilité dotale, combien y en a-t-il qui aient recherché et pénétré les causes de la situation décrite par la statistique judiciaire ? Il ne s'agit plus de savoir si les époux doivent s'enrichir, mais s'ils doivent rester unis : la chose en vaut la peine. Eh bien ! les principes différents des deux régimes qui fonctionnent, l'un dans le Midi, l'autre dans le Nord, vont nous expliquer les chiffres de la statistique.

Sous le régime de la communauté, le mari, lorsqu'il a épuisé son crédit, s'adresse à celui de la femme ; ses créanciers, d'ailleurs, ne manquent pas de demander l'intervention de la femme, ne serait-ce que pour se mettre à l'abri de son hypothèque légale. Si la femme fait des réflexions, le mari, dont l'amour-propre est blessé, ne lui pardonne que difficilement ; c'est pire si elle résiste : elle n'évitera que bien rarement les excès, les sévices ou injures graves, qui sont autant de causes de séparation de corps. A la place de la femme commune, mettez la femme dotale. On lui demandera rarement sa signature, à cause de l'inaliénabilité de sa dot : elle pourra, d'ailleurs,

la donner impunément, sans faire aucunes réflexions et
sans opposer la moindre résistance. Dans le Midi, les caractères sont plus ardents et les passions plus vives que dans le
Nord ; sous ce rapport, les séparations de corps devraient y
être plus nombreuses. Mais le régime des biens modifie la
situation et multiplie les séparations dans le Nord. L'inaliénabilité dotale conserve doublement la famille : morale-
ment et matériellement. Si l'infortune frappe le père, la
mère couvre le foyer domestique avec le bouclier de sa dot.
La famille reste groupée autour de ces débris, au lieu d'être
dispersée et d'aller demander du travail aux grands centres
industriels, sauf à y recevoir du pain par souscription, aux
jours de crise et de chômage.

La conclusion de tout ceci, c'est que la doctrine et la jurisprudence font de la communauté à propos de dotalité,
comme naguère la Cour de cassation faisait de la dotalité à
propos de communauté sur la célèbre question des reprises
de la femme.

Cette communauté est de la pire espèce : c'est la communauté de la perte sans celle du gain. Logiquement, on
est conduit à décider que, si le mari a fait des bénéfices en
spéculant avec la dot, la femme doit en avoir sa part. La
société léonine est réprouvée par les notions les plus simples
de l'équité et de la justice distributive : les chances de perte
doivent avoir pour corrélatif celles de gain. Nul n'a mieux
prouvé cette vérité que M. Troplong dans son brillant commentaire de l'art. 1855. Là, le grand jurisconsulte n'est
plus dominé par ses idées anti-dotales et redevient lui-
même.

Dira-t-on que le mari, après avoir reçu la dot à son
échéance, peut la faire servir à ses spéculations ? Sans doute
cela est possible ; mais ce n'est point là le but de la constitution dotale. « La loi, disait la Cour de cassation dans son

arrêt du 2 juillet 1840, suppose que le mari, en administrateur sage et éclairé, en fera un bon emploi. »

J'en ai fini avec cette immense question de l'inaliénabilité de la dot mobilière ; je suis loin de l'avoir épuisée. Elle
est telle, qu'il ne faut pas y toucher, sinon l'envisager sous
toutes ses faces.

La dot, mobilière ou immobilière, n'est pas plus aliénable par la femme que par le mari.

L'inaliénabilité dotale, alors même que la constitution
de dot comprend les biens présents et à venir, n'entraîne
pas pour la femme l'incapacité de s'obliger. Mais ses obligations ne peuvent pas être exécutées sur ses biens dotaux ;
l'inaliénabilité porte une atteinte grave au principe des articles 2092 et 2093. Il en résulte que la femme, poursuivie
par son créancier, n'est pas fondée à conclure à son relaxe,
sous prétexte qu'elle n'a que des biens dotaux ; l'exception
de dotalité est réelle.

Dans notre droit, l'inaliénabilité ne commence qu'avec
le mariage ; elle finit avec lui. Mais, bien entendu, les engagements contractés par la femme durant le mariage ne
peuvent pas, après sa dissolution, être exécutés sur les biens
qui étaient dotaux.

Corvinus a donné une idée exacte de l'aliénation en ces
termes : *Id omne alienationem vocamus quo quid ex unius
patrimonio in alterius transfertur, ut illud minuatur, hoc
augeatur, sive res sit, sive possessio, sive jus.* (Sur la L. 28,
D. *De verb. signif.*)

Celui qui ne peut pas aliéner ne peut pas transiger (article 2045 C. N.). Les anciens interprètes distinguaient si la
transaction avait lieu *retinendo aut dimittendo* (1). Si, par

_____

(1) Urceolus, *De transact.*, p. 106 et 537 ; Fontanella, *De pact.
nupt.*, p. 572 ; Fabre, C. liv. 5, tit. 15, déf. 0 ; Mantica, *De tacit. et
ambig. convent.*, t. 2, p. 565.

la transaction, la femme conservait la chose dotale moyennant un sacrifice en argent qu'elle s'imposerait sur ses paraphernaux, où serait l'aliénation de la dot ?

L'inaliénabilité ne permet pas que la femme compromette sa dot (art. 1004 et 83 C. pr.).

L'article 1561 est ainsi conçu : « Les immeubles dotaux non déclarés aliénables par le contrat de mariage sont imprescriptibles pendant le mariage, à moins que la prescription n'ait commencé auparavant. Ils deviennent néanmoins prescriptibles après la séparation de biens, quelle que soit l'époque à laquelle la prescription a commencé. » Ce texte est un des plus difficiles de notre matière ; il faut remonter aux sources, et lui appliquer la méthode historique.

Le droit romain assimile la prescription à une aliénation. (L. 28, D. *De verb. signif.*) La loi 16, D. *De fundo dot.*, décide que celui qui avait commencé de posséder un fonds avant qu'il fût constitué en dot, le prescrivait malgré la dotalité. Parmi les trois interprétations auxquelles ce texte a donné lieu, on se rappelle que celle de M. de Savigny distingue entre les faits positifs et les faits négatifs du mari. Les faits positifs ne peuvent pas servir de point de départ à la prescription ; en d'autres termes, la loi qui défend au mari d'aliéner le fonds dotal et qui frappe d'inefficacité une telle aliénation, ne permet pas que le mari puisse transmettre une cause et un principe de prescription. Il en est autrement si le mari reste inactif envers un tiers qui s'est emparé du fonds dotal ; le tiers prescrira, sauf le recours de la femme contre le mari, s'il y a lieu. Cette explication cadre parfaitement avec les principes du droit romain, qui ne déclarent le fonds dotal inaliénable que par le mari.

Les anciens commentateurs paraissent avoir interprété autrement les lois 28, *De verb. signif.*, et 16, *De fundo dot.*

8

La loi 2, C. *De usucap. pro empt.*, suppose qu'un testateur avait ordonné à ses héritiers de conserver certains esclaves à cause de leur habileté dans les professions qu'ils exerçaient. Le tuteur ayant vendu ces esclaves, on demandait si l'acquéreur avait pu les acquérir par la prescription. L'empereur Alexandre répondit que la prescription n'avait pas pu s'accomplir au profit de l'acquéreur. Barthole interpréta cette loi en disant que les choses déclarées inaliénables par la loi sont imprescriptibles : *Res quæ non possunt ex dispositione legis alienari, non possunt usucapi.* Cette doctrine fut généralement admise, et donna lieu à la maxime : *Inalienabile, ergo imprescriptibile.*

Cette interprétation, appliquée à la prescription du fonds dotal, rencontra des difficultés inextricables dans la jurisprudence de droit écrit, à cause de la loi 30, C. *De jure dot.*, et du § 15, *De rei ux. act.*, qui semblaient lui donner un démenti. Quand la loi 30 avait décidé, en 529, que la prescription courait contre la femme à partir du jour où la déconfiture de son mari aurait éclaté, le fonds dotal n'était pas encore inaliénable par la femme. Il ne le devint que l'année suivante, en vertu du § 15, *De rei ux. act.* On pouvait se demander si cette dernière constitution de Justinien n'avait pas abrogé la loi 30, en tant qu'elle faisait courir la prescription contre la femme? La question ne fut point posée ainsi, et l'on se laissa dominer par d'autres idées.

Quelques mois seulement après la loi 30, *De jure dot.*, Justinien avait publié une autre constitution, devenue la loi 4, C. *De annal. except.*, qui décide que la prescription ne court pas contre les enfants, tant qu'ils restent placés sous la puissance de leur père, à raison des droits de leur mère décédée : *Sancimus... nullam temporalem exceptionem opponi, nisi ex quo actionem movere potuerunt, id est, postquam manu paternâ, vel ejus in cujus potestate erant constituti, fuerint liberati.* Il y a une similitude parfaite entre cés expressions et celles de la loi 30, quant au point de départ de la prescription : *Temporalis exceptio... mulieribus opponatur ex quo possint actiones movere*. La loi 30 n'avait pas dû se préoccuper de la puissance maritale, qui était presque nulle dans le dernier état du droit romain ; depuis longtemps le mariage n'émancipait plus, et la puissance paternelle suivait la femme dans la maison de son mari. Le droit écrit suivait les règles du mariage libre. La puissance maritale n'aurait pas dû être prise en considération, si l'élément coutumier n'était intervenu pour faire dévier les principes du droit romain. Sous l'influence des idées coutumières, dont la puissance maritale était le principe dominant, on considéra que la femme, après la déconfiture du mari ou la séparation de biens, n'était pas toujours libre d'exercer ses actions en restitution de la dot ; et, au lieu d'interpréter la disposition finale de la loi 30, C. *De jure dot.*, par le § 15, *De rei ux. act.*, on l'interpréta par la loi 1, C. *De annal. except.*, rapprochée de la loi 1, D. *De div. temp. præscrip.*, dont la doctrine et la jurisprudence tirèrent la fameuse maxime : *Contra non valentem agere, non currit præscriptio*. On restreignit donc la portée absolue de la loi 30, et l'on décida que la prescription ne courait point pendant le mariage, toutes les fois que la femme ne pouvait pas agir soit contre le mari, soit contre les tiers acquéreurs.

Les parlements de droit écrit étaient loin de s'accorder sur l'application de cette règle.

A Bordeaux, on avait singulièrement interprété les lois 30, C. *De jure dot.*, et 1, C. *De annal. except.* Les mots *ex quo actiones movere possint... potuerunt*, furent entendus en ce sens que la femme, durant le mariage, les enfants, jusqu'à leur émancipation ou leur majorité, n'étaient pas fondés à exercer l'action en restitution de la dot. Le parlement n'avait donc pas à examiner si l'action de la femme pouvait réfléchir contre le mari, puisque cette action ne pouvait s'exercer qu'après la dissolution du mariage. Il en était ainsi quoique la femme eût été partie dans l'acte d'aliénation. Les 10 ans pour obtenir des lettres de rescision ne couraient point pendant le mariage, même après séparation de biens. (Salviat, p. 221 et 503; arrêt du 5 mai 1736.)

A Toulouse, on interprétait la loi 30 comme donnant à la femme l'exercice des actions dotales à partir de la déconfiture du mari. Cette interprétation est la seule vraie. Mais on appliquait toute la loi 30, et l'on décidait que la prescription courait contre la femme à partir de la séparation de biens, toutes les fois que son action n'était pas de nature à réfléchir contre le mari (1).

Le parlement de Bordeaux avait fait triompher le principe de l'imprescriptibilité aux dépens d'une erreur de droit dans l'interprétation de la loi 30. Celui de Toulouse, en s'appuyant sur le droit coutumier, était arrivé à un résultat analogue : l'action de la femme était presque toujours considérée comme devant réfléchir contre le mari, et la prescription était à peu près impossible pendant le mariage.

En droit coutumier, la dot n'était pas inaliénable. La prescription courait donc, en principe, contre la femme, à raison de ses propres. Mais ici le droit romain et la jurisprudence de droit écrit avaient influencé le droit coutumier. On s'était emparé de la maxime : *Contra non valentem agere, non currit præscriptio*, et l'on avait été conduit à distinguer les cas où la femme pouvait agir, et ceux où elle ne le pouvait pas. Renusson, après s'être plaint de la

(1) Fromental, v° *Dot*, p. 259; Despeisses, *De la dot*, sect. 3, n° 88. Arrêts des 9 juillet 1704 et 31 août 1730, rapportés par de Juin, t. 3, p. 150, et t. 5, p. 108.

confusion qui régnait dans les arrêts en cette matière, établissait nettement cette distinction en ces termes :

« La règle est qu'il y a quelque différence à faire entre les actions que peut avoir une femme, lesquelles se doivent considérer différemment. Il y a les actions de la femme qui sont ouvertes et qu'elle peut intenter elle-même pendant le mariage, sans être obligée de se plaindre de la conduite de son mari, de renoncer à la communauté et se faire séparer de biens d'avec lui ; elles se prescrivent, le mariage durant. La prescription a son cours, et peut s'acquérir contre la femme, qui ne peut pas dire que la puissance et autorité maritale l'ait empêchée d'agir, ni qu'elle ait lieu de craindre que son action et sa poursuite fâche son mari, ni qu'elle altère en aucune manière leur union conjugale : elle a même plus d'avantage, étant mariée, pour agir, que si elle n'était pas mariée, parce qu'elle a le secours et le conseil de son mari, qui peut agir ; ou, si son mari est négligent d'agir, elle peut agir elle-même, autorisée par son mari, ou par justice, au refus de son mari ; et son mari n'y peut pas trouver à redire, car elle fait le bien de son mari et d'elle (1). »

Dans le projet du Code, l'art. 170, devenu l'art. 1561 de la rédaction définitive, était ainsi conçu : « Le fonds dotal est imprescriptible pendant le mariage, à moins que la prescription n'ait commencé auparavant. » Quand cet article fut soumis à la discussion, il fut critiqué et renvoyé à la section de législation, qui le remania et y ajouta l'exception qui en forme la seconde partie. Ces changements et cette addition étaient motivés de la manière suivante : « La section pense que le caractère d'aliénabilité donné aux immeubles dotaux par le contrat de mariage les rend suscepti-

----

(1) *De la communauté*, 2ᵉ part., chap. 7, p. 109 ; Pothier, *Oblig.*, nᵒ 681, et *Prescript.*, nᵒ 30.

bies de la prescription. *L'imprescriptibilité ne doit être qu'une suite de l'inaliénabilité.* Elle pense aussi que la séparation de biens doit faire une exception à l'imprescriptibilité *dans le cas de l'article* 170, puisque la femme séparée a la liberté de réclamer ses biens entre les mains des tiers ; que le but de la séparation est de lui donner le droit d'en jouir, et que, *dans le cas de cet article*, on ne peut la considérer comme réputée retenue par la crainte maritale. » (Fenet, t. 13, p. 619 et 620.)

L'exception qui forme la seconde partie de l'article 1561 est un de ces amendements malheureux qui détruisent tout un principe, et dont la portée est telle, que l'on ne sait plus si c'est l'exception qui forme la règle, ou si c'est la règle qui forme l'exception. La prescription acquisitive a pour fondement la présomption que celui contre lequel elle court renonce à son droit. Elle procède, dit Wolff, *ex consensu presumpto.* Mais la femme, même séparée de biens, ne peut pas renoncer à son droit sur le fonds dotal, puisqu'il est inaliénable.

Une première question a été agitée. L'art. 1304 ne fait courir le délai de l'action en nullité des actes passés par la femme non autorisée par son mari que du jour de la dissolution du mariage. Si la femme a aliéné le fonds dotal sans autorisation, le délai pour intenter l'action en nullité courra-t-il de la séparation de biens, ou de la dissolution du mariage? On a prétendu qu'il courait de la séparation de biens, en considérant l'art. 1561 comme spécial au régime dotal et faisant exception à l'art. 1304. Étrange destinée des mauvaises lois! La partie finale de l'art. 1561 a voulu placer les biens dotaux dans le droit commun, comme s'ils étaient aliénables, sous prétexte qu'après la séparation de biens, la femme a l'exercice de ses actions dotales; mais voilà qu'en prenant cet article à la lettre, on prétend soustraire les biens dotaux au droit commun, et enlever à la femme la protection vulgaire qui lui est accordée pour ses paraphernaux et ses propres de communauté. La Cour de cassation a repoussé cette tentative anti-dotale par un arrêt fondamental, du 1er mars 1847 (Dalloz, 47, 1, 209). Et, en effet, la nullité prononcée par l'art. 1304 est d'ordre public ; elle ne peut être couverte par aucune ratification expresse que donnerait la femme sans l'autorisation de son mari ; comment donc pourrait-elle l'être par la ratification tacite résultant du silence gardé pendant 10 ans par la femme ? Le point de départ de cette ratification tacite et de la prescription ne peut être que la dissolution du mariage pour les biens dotaux comme pour les paraphernaux.

La Cour de cassation va beaucoup plus loin dans l'interprétation de l'art. 1561. Elle décide que la séparation de biens ne fait cesser l'imprescriptibilité qu'à l'égard des tiers qui n'ont pas traité avec les époux ou l'un d'eux, et que, pour ceux qui ont passé avec les époux un contrat vicieux, on reste dans la règle des articles 1304 et 1568, qui ne veulent pas que la prescription coure pendant le mariage. En d'autres termes, lorsque les époux intentent une action réelle pétitoire contre un tiers qui ne tient pas ses droits d'un contrat passé avec eux, l'art. 1561 est inapplicable ; mais il en est autrement lorsqu'ils agissent en nullité et en révocation de l'aliénation du fonds dotal. Il n'y a pas à distinguer si l'action en nullité est de nature à réfléchir ou non contre le mari ; l'art. 2256 est inapplicable au régime dotal. Cette jurisprudence est monumentée par l'arrêt du 1er mars 1847, et par un second arrêt du 4 juillet 1849 (Dalloz, 49, 1, 330).

Cette interprétation est un moyen ingénieux d'échapper à l'antithèse que semblent s'opposer les deux paragraphes qui composent l'art. 1561. Les rédacteurs du Code n'ont pas fait la distinction que fait la Cour de cassation, et il est probable qu'ils ont cru reproduire l'anomalie de l'ancienne jurisprudence. Le commencement de notre article reproduit la règle : *Inalienabile, ergo imprescriptibile*, tandis que la fin applique la maxime : *Contrà non valentem...*, et fait supposer que, toutes les fois que la femme pourra agir, la prescription courra au sujet du fonds dotal : ce qui est la négation du principe posé en tête de l'art. 1561. En appliquant d'une manière absolue le principe que l'inaliénabilité a pour conséquence l'imprescriptibilité, on n'a plus que le choix de détruire le commencement de l'art. 1561 par la fin, ou la fin par le commencement. La Cour de cassation ne prend point ce parti extrème. Son interprétation se rapproche de celle que M. de Savigny a donnée de la loi. 15, D. *De fundo dot*. L'immeuble dotal n'est pas absolument imprescriptible pendant le mariage ; il l'est en ce sens que les époux, ni l'un d'eux, ne peuvent point, par une aliénation prohibée par la loi, conférer à l'acheteur le principe et le point de départ de la prescription pendant la durée du mariage, même après séparation de biens. Il l'est encore en ce sens que si un tiers s'en empare pendant le mariage , la prescription n'aura son cours qu'après la séparation de biens ou la dissolution du mariage. Dans ce dernier cas, on se trouve replacé sous l'empire de la maxime : *Contrà non valentem....*, et , en raisonnant *à contrario*, l'on arrive à cette conséquence que la prescription court contre la femme, puisqu'elle peut agir.

Il suit de là que la prescription ne court pas au sujet de l'immeuble dotal, tantôt parce qu'il est inaliénable, tantôt parce que la femme ne peut point agir : *parce qu'il est inaliénable*, lorsque le tiers possède en vertu d'un titre émané des époux ou de l'un d'eux ; *parce que la femme ne peut agir*, lorsque ce tiers a commencé à posséder après le mariage sans titre émané des époux.

Voilà quelle fut la source de l'erreur qui refusait d'une manière générale l'exercice des actions dotales à la femme, tant qu'elle n'était pas séparée de biens.

On vient de voir que la jurisprudence de droit écrit appliquait, en général, la disposition finale de la L. 30, C. *De jure dot.*, et qu'elle ne la considérait pas comme incompatible avec les lois 28, *De reg. jur.* ; 16, *De fundo dot.*, et le § 15, *De rei ux. act.* Il en résulta qu'au lieu d'expliquer l'imprescriptibilité par l'inaliénabilité, on fut conduit à le faire par la maxime : *Contrà non valentem...* On voyait que la séparation de biens faisait courir la prescription contre la femme, malgré la persistance de l'inaliénabilité. Quelques commentateurs en conclurent que, si la prescription ne courait pas avant la séparation de biens, c'était parce que la femme était dans l'impossibilité d'agir. Ils en arrivèrent ainsi à croire que la femme, tant qu'elle n'était pas séparée, n'avait pas l'exercice de ses actions dotales, sans distinguer, comme le faisait Renusson, entre les actions pétitoires, qui avaient simplement pour objet de placer ou de conserver la dot entre les mains du mari, et les actions révocatoires, qui tendaient à briser les actes d'aliénation qu'il avait consentis. Les actions révocatoires se liaient à la restitution de la dot ; elles ne pouvaient être exercées par la femme qu'après la séparation de biens ou la dissolution du mariage ; jusque-là, la femme était protégée par la maxime : *Contrà non valentem...*

Vraie pour les actions révocatoires, cette raison ne l'était plus pour les actions pétitoires. Mais l'application simultanée de la loi 30, *De jure dotium*, et du § 15, *De rei ux. act.*, eut pour effet d'affaiblir le principe que l'imprescriptibilité est une conséquence de l'inaliénabilité. On voulut, par intuition et par faveur de la dot, se maintenir dans l'imprescriptibilité du fonds dotal, et, pour y parvenir, on eut l'idée d'appliquer encore la règle : *Contrà non valentem...* On considéra que la femme non séparée n'avait pas d'intérêt à agir, puisqu'elle n'avait ni la jouissance ni l'administration de sa dot; on en conclut qu'elle était sans qualité pour exercer les actions dotales, tant qu'elle n'était pas séparée de biens, et que la prescription ne courait pas contre elle. Cette opinion confondait les actions pétitoires avec les actions révocatoires, et les assimilait (1). Les lois 11, C. *De jure dot.*, et 9, C. *De rei vindic.*, telles qu'on les interprétait, lui donnaient une couleur de raison.

Il n'y avait qu'un pas à faire pour tourner ces idées au profit du droit coutumier : c'était de transformer le motif de cette incapacité de la femme, et d'en attribuer la cause à la puissance et au droit du mari. On n'y manqua point (2).

Mais ici le droit coutumier avait un principe contraire relativement aux propres immobiliers de la femme. Ce fut ce principe qui fit admettre par la jurisprudence de droit écrit que la femme avait l'exercice des actions pétitoires.

Dans le droit moderne, on reproduit la confusion qui avait précédé l'établissement de cette jurisprudence. On ne distingue pas toujours, comme il le faudrait, entre les actions pétitoires et les actions révocatoires et administratives : on refuse généralement à la femme non séparée de biens l'exercice des actions dotales. L'art. 1560 exerce ici la même influence que la loi 30, C. *De jure dot.*, dans les anciennes interprétations. De ce que la femme non séparée ne peut pas exercer les actions révocatoires, ni les actions administratives, on en conclut que l'exercice des actions dotales ne lui appartient pas : on la frappe d'incapacité, comme dans le droit germanique.

---

(1) Despeisses, *De la dot,* n° 88.

(2) Catelan, liv. 4, ch. 47 ; Serres, *Inst.*, tit. 8, *quibus alienure licet vel non ;* Denisart, v° dot, § 14, n° 5.

Le principe de l'inaliénabilité renferme des exceptions : les unes sont expresses, les autres tacites.

Les exceptions expresses sont au nombre de huit, énumérées dans les articles 1555 à 1559.

1° *Etablissement des enfants.* — La femme peut donner ses biens dotaux pour l'établissement de ses enfants. On entend par *établissement* tout ce qui assure à un enfant une existence indépendante, solide et durable, une industrie lucrative, un état, une position. La dot alors sert à la famille ; elle reçoit sa destination naturelle. La loi distingue entre les enfants d'un précédent mariage et les enfants communs. S'il s'agissait des premiers, la femme est placée dans le droit commun par rapport à son mari, dont la direction est d'ailleurs suspecte ici. Elle peut leur donner ses biens dotaux, meubles ou immeubles, avec l'autorisation du mari, ou, à son refus, avec celle de la justice. Dans ce dernier cas, l'acte de la femme ne peut porter aucune atteinte au droit de jouissance et d'administration qui appartient au mari sur la dot.

Mais, s'il s'agit des enfants communs, la situation change. Ici, les enfants sont placés sous la puissance du père. En favorisant leur établissement malgré la volonté du père, avec l'autorisation de la justice, la mère porterait atteinte à l'autorité du chef de la famille ; elle se mettrait en rébellion, elle et son enfant, contre le père, juge souverain en cette matière.

Les mots *donner ses biens dotaux* doivent s'entendre dans un sens large ; ils signifient *disposer.* Ainsi, la mère peut fournir, sur ses biens dotaux, tels cautionnements, telles hypothèques qu'elle juge convenables, pour l'établissement de son enfant, pour garantir notamment, soit la dot de la belle-fille, soit la donation faite à l'enfant par le père ou par un tiers. En un mot, il n'y a pas d'inaliénabilité dotale pour l'établissement des enfants.

Je n'admets donc pas que l'on puisse restreindre la portée des articles 1555 et 1556, sous prétexte que, le don étant un avancement d'hoirie, l'enfant doit être en position de garantir aux autres la conservation et le rapport de la dot. Entendre ainsi la loi, c'est la dénaturer ; c'est rendre sa disposition inapplicable aux enfants qui en ont le plus de besoin.

On a vu des débiteurs de la dot refuser de se libérer sous prétexte que le don était excessif, et qu'il serait un jour sujet à réduction. C'est pousser beaucoup trop loin la sollicitude de l'inaliénabilité. De telles prétentions ne doivent pas arrêter les regards de la justice ; elles rendraient impossible l'application des articles 1555 et 1556, car la réserve est variable et incertaine jusqu'au décès. La possibilité d'une réduction ne regarde pas les débiteurs des deniers dotaux. Prétendre qu'ils seraient exposés à payer une seconde fois, c'est confondre l'action en révocation avec l'action en réduction. Ils n'ont qu'une seule question à examiner : la dot est-elle aliénée pour l'établissement de l'enfant ?

L'autorisation donnée sans réserve de jouissance par le mari débiteur de la dot, l'oblige à payer : c'est une restitution anticipée de la dot.

Si la donation est révoquée, si le retour conventionnel ou légal s'ouvre au profit de la femme, les objets donnés redeviennent dotaux et inaliénables ; le mari reprend ses droits.

2° *Réserve d'aliéner.* — La dot peut être aliénée lorsque la femme s'en est réservé la faculté par le contrat de mariage. C'est une application du principe consacré par l'art. 1387. Là réserve d'aliéner ne comprend pas celle d'hypothéquer. C'est l'application de la fameuse distinction de Théophile et de Cujas entre la vente et l'hypothèque ; elle est fondée sur la nature des choses. Les efforts de M. Troplong pour combattre la jurisprudence de la Cour de cassation, qui s'est approprié cette distinction, n'ont pas réussi à l'ébranler.

Les cinq exceptions qui vont être examinées diffèrent de la première et de la seconde par les formalités que la loi exige. Ici, il s'agit de vendre le fonds dotal ; il importe que la vente ait lieu au plus haut prix, et que toute dissimulation de ce prix soit impossible. Ces formalités ne sont pas exigées pour la première ni pour la seconde exception. Dans la première, la femme ne vend pas : elle dispose de la chose dotale ; dans la seconde, elle s'est réservé le droit d'aliéner elle-même : la loi respecte sa volonté.

3° *Prison du mari.* — La raison de cette exception est dans le principe que les époux se doivent secours et assistance (art. 212). Un arrêt a décidé que la permission d'aliéner la dot pour tirer le mari de prison doit être refusée, lorsque la femme et la famille ne doivent retirer aucun profit de sa mise en liberté. Cette décision peut être fort bonne dans les circonstances où elle est intervenue ; mais elle ne doit pas être érigée en principe. On ne doit pas distinguer non plus entre le cas où le mari est emprisonné pour dette civile, et celui où il l'est pour crime ou délit. Toutes les fois que la liberté peut être procurée au mari moyennant un sacrifice pécuniaire, on est dans l'exception.

Il ne suffit pas que le mari soit menacé de la prison, il faut qu'il soit effectivement emprisonné. La femme, au lieu de se faire autoriser à aliéner le fonds dotal pour tirer le mari de prison, peut se faire autoriser à l'hypothéquer ; dans ce cas, le bailleur des fonds doit en surveiller l'emploi.

4° *Aliments.* — La dot peut encore être aliénée pour fournir des aliments à la famille, dans les cas prévus par les articles 203, 205 et 206 C. N. En droit romain, la dot pouvait être restituée à la femme pendant le mariage dans le même but : *Manente matrimonio, non perditurae uxori*

ob has causas dos reddi potest, ut sese suosque alat...
(L. 73, D. *De jure dot.*) *Non perditura uxori !* La femme
no perd pas sa dot en pareil cas; elle en fait un emploi légitime : c'est dans ce but que la dot doit être conservée comme
une ressource sacrée pour la famille. « Il est notoire, disait
un de nos anciens jurisconsultes, que c'est un avantage
commun aux familles, qu'y arrivant de la disgrâce ou de la
déroute, il y ait quelques ressources pour la femme et les
enfants ; que celle qui aura apporté une bonne dot ne soit
pas réduite à mendier l'assistance de ses proches; que ceux
qui avaient eu une naissance avantageuse ne soient pas né-
cessités de chercher leur pain; bref, que, dans un naufrage,
il leur reste quelques tables de ces débris. » (Henrys, liv. 4,
quest. 141, n° 4.)

Le mot *aliments* ne signifie pas seulement la nourriture ;
il comprend encore les vêtements, l'habitation, les remèdes
en cas de maladie, l'éducation et l'instruction. L'article
203 oblige la femme, comme le mari, à nourrir, entretenir
et élever leurs enfants. La jurisprudence a conclu de ce
texte, en le rapprochant de l'article 1558, que la mère est
tenue sur ses biens dotaux, solidairement avec le père
sur les revenus de sa dot, et subsidiairement sur le capital, d'acquitter les frais d'éducation des enfants communs, lorsque le père est dans l'impossibilité de le faire ;
et il en est ainsi dans le cas même où la dette alimentaire
remonte à une époque où le père était solvable, s'il a négligé de l'acquitter.

5° *Payement des dettes antérieures au contrat de mariage.*— Les dettes de la femme ou de ceux qui ont constitué
la dot sont assujetties à une règle uniforme : c'est que leur
payement ne peut s'effectuer sur la dot que quand elles ont
une date certaine antérieure au contrat de mariage. L'article 1410 renferme une disposition analogue pour le régime
de communauté ; il met à la charge de la communauté

toutes les dettes de la femme ayant date certaine *avant le mariage*, tandis que l'article 1558 n'autorise l'aliénation du bien dotal pour le payement des dettes que si elles ont une date certaine antérieure au *contrat de mariage*. On ne peut pas admettre que le législateur ait confondu le contrat de mariage avec l'acte de célébration du mariage, de manière que, dans l'article 1558, les mots *avant le contrat de mariage* signifient *avant le mariage*. Quelle raison peut-il donc avoir eu de faire une différence entre l'un et l'autre cas? Le régime de communauté opère la confusion des droits actifs et passifs des époux, et il tient pour maxime : « Qui épouse le corps, épouse les dettes. » Le mari devient un successeur universel ; mais il ne le devient que par le mariage, en vertu du principe de puissance attaché à son titre. Il prend donc l'universalité active et passive antérieure au mariage. Sous le régime dotal, les choses se passent autrement : les dettes des époux restent séparées comme leurs biens. C'est le contrat de mariage qui fixe les droits et les obligations du mari au sujet des biens dotaux. La femme, si elle pouvait grever ses biens dotaux de dettes contractées dans l'entre-temps du contrat et du mariage, pourrait par cela même bouleverser l'économie des conventions matrimoniales et de la constitution de dot. C'est ce qui faisait dire à Roussilhe : « On n'a pas voulu que la femme, en faisant des billets et en les antidatant, pût rendre la constitution de dot inutile. (*De la dot*, t. 1, p. 406.)

La constitution de dot a une influence considérable sur les dettes de la femme qui ont date certaine antérieure au contrat de mariage. Il faut distinguer trois cas : 1° la constitution de dot est générale et comprend l'universalité des biens de la femme ; 2° ou elle ne comprend que des objets déterminés ; 3° ou bien, enfin, quand elle est particulière, elle impose la charge des hypothèques qui grèvent les biens constitués.

1re *hypothèse.* — Ici, par la généralité de la constitution de dot, le mari épouse tous les biens. Dirons-nous
qu'il épouse toutes les dettes, et qu'il en est tenu personnellement, comme un successeur universel ou à titre universel ? Paul a examiné cette question en droit romain : *Mulier*
bona sua omnia in dotem dedit. Quæro an maritus, quasi
hæres oneribus respondere cogatur ? Paulus respondit eum
quidem, qui tota ex repromissione dotis bona mulieris reti-
nuit, a creditoribus conveniri ejus non posse, sed non plus
esse in promissione bonorum quam quod superest, deducto
ære alieno. (L. 72, *De jure dot.*) Ainsi, quoique la dot ait
pour objet l'ensemble, l'universalité des biens de la femme,
elle n'établit pas pour le mari une *successio per universita-*
tem, succession qui a pour effet de transmettre de plein
droit les actions actives et passives. La femme est censée
n'avoir promis en dot que ce qui reste de ses biens après
la déduction de ses dettes. Et Paul applique au mari la
règle : *Bona intelliguntur cujusque quæ, deducto ære alieno,*
supersunt. (L. 39, § 1, D. *De verb. signif.*) Le mari était donc
tenu de souffrir que l'universalité des dettes fût déduite de
l'universalité des biens. La règle était la même pour l'usufruitier universel. (L. 43, D. *De usu et usuf.*)

La doctrine romaine fut admise par la jurisprudence de
droit écrit (1). Elle est en pleine vigueur sous le Code Napoléon. Le mari, assimilé à un usufruitier universel lorsque
la dot comprend tous les biens, n'est pas tenu des dettes
personnellement ; il n'en est tenu que sur les biens dotaux ;
les créanciers de la dot peuvent les faire saisir, sans être
tenus de respecter l'usufruit du mari ; et pour éviter ces
exécutions, le mari et la femme peuvent s'adresser à la

(1) Fontanella, *De pact. nupt.*, t. 2, p. 264 ; Roussilhe, *De la dot*,
t. 1, p. 403 et 404 ; de Bezieux, *Arrêts not. du parl. de Provence*,
p. 349.

justice et obtenir l'autorisation de vendre tout ou partie des biens dotaux pour payer les dettes qui les affectent.

2ᵉ *hypothèse*. — Ici le mari a reçu en dot, non plus l'universalité des biens de la femme ou du constituant, mais des objets particuliers, spécifiés dans le contrat de constitution. Il est assimilé à un acquéreur quant à son droit de jouissance. Les créanciers sont tenus de respecter ce droit ; ils ne peuvent s'en prendre qu'à la nue propriété de la chose dotale.

3ᵉ *hypothèse*.—Il en est autrement, bien entendu, quand le fonds dotal est hypothéqué aux créanciers ; il est évident que la constitution de dot ne peut pas nuire à leur hypothèque, ni au droit de suite qui l'accompagne.

6° *Réparations*. — L'aliénation est encore permise pour faire de grosses réparations indispensables pour la conservation de l'immeuble dotal. En pareil cas, l'aliénation est nécessaire ; elle est un acte de conservation et de bonne administration. Les réparations peuvent précéder l'autorisation de la justice. L'aliénation peut comprendre tout ou partie du fonds dotal, suivant les circonstances.

7° *Indivision*. — L'aliénation est encore permise lorsque l'immeuble dotal étant indivis et impartageable, il devient nécessaire de le mettre en vente pour faire cesser l'indivision. En droit français, le partage est considéré comme une fixation de parts. Mais on peut aliéner sous prétexte de partager ; et c'est ce qui arriverait si la femme pouvait convenir qu'un immeuble dotal indivis serait mis en vente, alors qu'il peut être partagé en nature sans dépréciation. La licitation, en pareil cas, ne peut être que judiciaire.

Les art. 1558, § 6, et 819, ont donné lieu à deux systèmes extrêmes.

Les uns ont conclu du premier que le partage dans lequel la femme avait à prendre une part dotale ne pouvait être fait qu'en justice. Ils ont raisonné ainsi : la licitation

est un mode du partage ; la loi veut qu'elle ne puisse être
que judiciaire ; donc le partage ne peut être fait qu'en justice. Ce raisonnement conclut du particulier au général,
contrairement aux règles de la logique. Si la licitation est
considérée comme un mode de partage, elle produit, en
réalité, tous les effets d'une vente. La femme n'abandonne-
t-elle pas son droit indivis dans l'immeuble contre une
somme d'argent ? La loi, suivant l'expression du cardinal
Deluca, tient plus de compte de la vérité que de la fiction :
Multa in jure conceduntur casui vero quæ denegantur ficto.

Les autres sont tombés dans l'excès opposé ; ils ont prétendu, en argumentant de l'article 819, que la femme pouvait faire un partage amiable, comme une personne qui est
absolument maîtresse de ses droits. Je n'adopte pas plus
cette opinion que la première. L'article 810 était rédigé
longtemps avant que le législateur eût pris le parti de déclarer la dot inaliénable. On sait que la même commission
qui avait présenté le projet du titre *des successions* présenta
celui *du contrat de mariage*, dans lequel il était interdit de
stipuler l'inaliénabilité de la dot sous aucun régime. (Locré,
t. 13, p. 144.) La question n'est donc pas plus gouvernée
par l'article 819 que par l'article 1558, § 6 ; elle l'est par l'article 1554 et par les principes généraux du droit en matière
d'inaliénabilité de la dot.

Partager n'est pas aliéner (1) ; c'est recevoir sa part d'une

---

(1) Le caractère déclaratif du partage, en droit français, est un
effet de la saisine légale et de la maxime : *Le mort saisit le vif.* On
croit généralement que cette maxime, que l'on trouve déjà dans les
Établissements de St Louis (liv. 2, ch. 4), fut imaginée par nos anciens
légistes pour l'opposer aux droits seigneuriaux de *relief* dans les
transmissions successorales. On leur attribue aussi, toujours dans
le même but, l'invention de cette autre maxime : *Dieu seul peut*

chose en nature ou en valeur, lorsque la division matérielle entraînerait une dépréciation notable. Sans doute, on peut aliéner sous prétexte de partager; ce n'est pas une raison pour proscrire *à priori* les partages amiables, parce que la part qu'une femme y a prise est dotale. Qu'aurait-on à dire si la femme avait reçu toute sa part en nature ,conformément à l'article 832? La question est de fait plus que de droit et se réduit à celle-ci : la femme a-t-elle aliéné sous prétexte de partager. Il y aura aliénation si le lot attribué à la femme par la convention des copartageants est composé d'une somme importante. La soulte est une espèce de

---

faire un héritier (MM. Troplong, *Des donat.*, préf., p. 151; Dalloz, v₀ *succession*, no 15.)

Ma conviction est que ces deux maximes sont beaucoup plus anciennes et qu'elles nous viennent en ligne droite des Germains. Qui ne voit dans la seconde le mot de Tacite : *Apud Germanos nullum testamentum?* Était-ce, comme on l'a cru encore, un préjugé féodal fondé sur l'idée de la prédominance du sang et de la parenté? Nullement. Un coup d'œil jeté sur la famille germanique suffit pour expliquer la première maxime qui n'en fait qu'une avec la seconde. Les Germains ne connaissaient ni la propriété foncière ni l'art de l'écriture. Chez eux, la succession, c'est l'obligation d'accepter les amitiés et les inimitiés du défunt, toujours membre de la famille : *suscipere tam inimicitias patris seu propinqui quam amicitias necesse est.* (Tacite, *de Morib. German.* 21.) Il faut être de la famille pour venger la famille et la protéger : c'est une charge du sang. Être héritier , c'est être parent. Renoncer à la succession, c'est renoncer à la parenté, *de parentilla se tollere.* (Lex salica, tit. 63.) Cette renonciation devait être faite solennellement dans le *mall* ou assemblée du canton : elle brisait tous les liens et droits de la famille et de la parenté. Avec de telles idées et cette organisation de la famille, c'est la succession qui va à l'héritier , qui est en lui comme le sang du défunt, qui le saisit de plein droit, sans acceptation, par la puissance des mœurs nationales.—Telle est l'origine de l'art. 724 du C. N.

licitation partielle, et ici la justice n'est pas appelée à décider s'il y a lieu de prescrire le remploi des sommes dont se compose la soulte. Le partage est un acte connexe et indivisible; il ne peut pas tomber pour la femme et tenir pour les autres copartageants. Ceux-ci sont donc intéressés à ce que tout se passe loyalement et que le partage ne dégénère pas en un moyen indirect d'aliéner la dot. Si les lots avaient été composés par des experts procédant comme mandataires et non comme arbitres, s'ils avaient été tirés au sort devant un notaire, pourquoi ne pas déclarer un tel partage valable, quand même une soulte importante entrerait dans le lot attribué par le sort à la femme? L'inaliénabilité n'a pas le privilége de soustraire la femme à une telle éventualité, mais le débiteur de la soulte devrait en exiger l'emploi.

Échange. — Quoique l'échange soit une aliénation, l'immeuble dotal peut être échangé, dans le cas et sous les conditions ci-après : 1° utilité de l'échange; 2° consentement de la femme; 3° même valeur dans l'immeuble reçu en échange que dans l'immeuble cédé, pour les quatre cinquièmes au moins; 4° autorisation du tribunal du domicile des époux, après estimation des experts commis à cet effet.

Je passe aux exceptions tacites.

Il est évident que l'inaliénabilité ne protége pas les immeubles dotaux contre les servitudes légales, ni contre l'expropriation pour cause d'utilité publique. Elle ne protége pas non plus le bien dotal contre le payement des amendes, des frais et des réparations civiles auxquelles la femme a été condamnée pour crime, délit ou contravention. Quant aux quasi-délits ou faits dommageables de la femme, je crois qu'il faut distinguer, et dire qu'ils ne peuvent pas obliger le bien dotal, toutes les fois qu'ils se produisent à l'occasion de contrats passés par la femme, et

que les tiers auraient pu les éviter en vérifiant soit l'exac-
titude des faits allégués, soit la dotalité des biens. Je suppose que la femme vende un de ses immeubles qu'elle
déclare paraphernal alors qu'il est dotal. On dira : il y a là
un mensonge, une tromperie et, par conséquent, un quasi-
délit qui, à titre de réparation, doit faire tenir pour bonne
et valalable la vente du fonds dotal. Mais qui ne voit qu'a-
vec un tel système la prohibition d'aliéner le bien dotal
n'est plus qu'un vain mot, et que la femme pourra faire
indirectement, par un mensonge imposé, ce qu'elle ne
pouvait pas faire directement par sa volonté?

CHAPITRE II.

DE L'INALIÉNABILITÉ APRÈS LA SÉPARATION DE BIENS.

La dot reste inaliénable après la séparation de biens
comme avant; bien plus, si elle consiste en argent, la femme
ne peut en recevoir le capital qu'en faisant emploi ou en
donnant caution.

Pendant le mariage, et lorsque la séparation de biens n'a pas
eu lieu, les fruits de la dot appartiennent au mari; ses créanciers peuvent les saisir. Si l'exécution porte sur des fruits des
immeubles dotaux qui ne s'acquièrent pas jour par jour, la
femme, en demandant sa séparation de biens, pourra aussi
demander la distraction des fruits saisis, conformément à
l'art. 608 du Code de procédure; et comme la procédure de
la saisie-exécution est plus rapide que celle de la séparation de biens, la femme devra demander et obtenir, soit
dans une instance en référé, soit dans celle en distraction,
qu'il soit sursis à la vente jusqu'au jugement de la séparation.
Si cette séparation est prononcée, la question de savoir à.
qui, de la femme ou du mari, appartiennent les fruits sai-

sis, sera résolue par les principes suivants : l'attribution
des fruits au mari a pour cause les charges du mariage ;
ils lui appartiennent *ratione oneris*, indépendamment du
fait de la perception ; et, en cela, le mari diffère de l'usufruitier, auquel les fruits appartiennent en vertu de son droit
simple, *ratione juris*, par le fait seul de leur perception (1).
On appliquera l'art. 1571, et l'on calculera comme si le mariage avait été dissous le jour de la séparation de biens.
D'après ces bases, on maintiendra la saisie pour la part de
fruits revenant au mari, dont le créancier exerce les droits,
et l'on ordonnera la distraction pour le surplus.

Après la séparation de biens, les créanciers du mari n'ont
plus aucun droit sur des fruits qui n'appartiennent plus à
leur débiteur. Quant aux créanciers de la femme antérieurs
à la séparation, il faut distinguer. Si la créance est de telle
nature qu'elle oblige les biens dotaux, l'exécution pourra
avoir lieu sur le capital comme sur les fruits et revenus de
la dot. Mais si elle n'est pas de nature à obliger la dot,
le créancier pourra-t-il faire saisir les fruits ? Il semble,
à première vue, qu'il le puisse, et que les fruits ne sont pas
inaliénables, puisque la femme en dispose. Mais, en y réflé-
chissant, on voit que si la femme dispose des fruits, c'est,
suivant leur destination dotale, dans l'intérêt de la famille
et pour supporter les charges du mariage. La femme séparée qui n'aurait pas la ressource des fruits serait obligée
d'avoir recours au moyen extrême de l'art. 1558, et de
vendre le fonds dotal. C'est ainsi que, sous prétexte de n'atteindre que les fruits, on atteindrait indirectement le fonds.

Ce point de vue n'a point échappé à la Cour de cassation ;
sa jurisprudence décide avec raison, malgré les critiques
dont elle a été l'objet, que les créanciers de la femme an-

(1) Cujas, Recit. solem. in lib. XL. quæst. Papinian.

térieurs à la séparation de biens n'ont pas d'action sur les fruits de ses biens dotaux.

Mais, s'il s'agit des créanciers postérieurs, la situation n'est plus la même. La femme a repris l'administration de ses biens dotaux ; elle oblige les fruits par ses actes d'administration. Il est donc rationnel de distinguer entre les obligations de la femme qui ont pour cause des actes d'administration et celles qui sont étrangères à cette administration. Le sort de ces dernières devrait être le même que celui des obligations antérieures à la séparation. Mais il est souvent fort difficile de savoir si l'obligation de la femme se rattache à son administration, ou si elle lui est étrangère. Assujettir les créanciers à établir que la femme a fait un acte d'administration, ce serait entraver cette administration, puisqu'il faudrait prouver l'emploi de ce que le créancier a fourni. La jurisprudence a pris un moyen terme ; elle présume que les obligations de la femme séparée se rattachent à son administration, et elle accorde aux créanciers le droit de faire saisir les fruits, en respectant la portion reconnue nécessaire aux besoins de la famille.

CHAPITRE III.

DE L'INALIÉNABILITÉ APRÈS LA DISSOLUTION DU MARIAGE.

L'inaliénabilité de la dot cesse à la dissolution du mariage, en ce sens que les actes de la femme postérieurs à cette dissolution obligent ses biens rentrés désormais dans le droit commun. Mais cette inaliénabilité persiste après la dissolution du mariage à raison des actes faits par la femme pendant sa durée.

Les commentateurs qui s'efforcent d'assimiler le régime dotal à celui de la communauté n'entendent pas les choses de cette manière. Pour eux, l'inaliénabilité dotale n'est qu'un terme, un sursis accordé à l'exécution des actes de la femme dans l'intérêt de la puissance maritale. Quand arrive la dissolution du mariage, ils appliquent la maxime : *Cessante causâ, cessat effectus*. Alors les créanciers de la femme, quels qu'ils soient, peuvent faire exécuter ses engagements sur ses biens dotaux.

Cette doctrine est la résurrection des efforts tentés par le germanisme au sein du parlement de Toulouse. Elle fut repoussée par le second parlement de France ; elle l'a été de même par la jurisprudence moderne. Ce qui m'étonne, c'est qu'il ait fallu des arrêts pour proclamer cette vérité.

La femme qui est poursuivie, pendant le mariage, en payement d'obligations qui n'engagent pas ses biens dotaux, n'a aucun intérêt à opposer l'exception de dotalité ; cet intérêt ne commence que lorsque le créancier touche à ses biens dotaux. Mais, après la dissolution du mariage, la femme peut, par son consentement, obliger ses biens dotaux, et la situation n'est plus la même. Si elle se laisse condamner purement et simplement par un jugement passé en force de chose jugée, elle invoquera vainement l'exception de dotalité et d'inaliénabilité, lorsque le créancier fera exécuter le jugement sur les biens dotaux. La raison en est que l'on est censé contracter en jugement, même dans les jugements par défaut qui ne sont plus susceptibles d'opposition ni d'appel. *Nam sicut stipulatione contrahitur*, dit Ulpien, *ita judicio contrahi : proinde non originem judicii spectandam, sed ipsam judicati velut obligationem*. (L. 3, § 11, *De pecul.*) Le jugement de condamnation opère novation : *Novatur judicati actione prior contractus* (1). Il en serait

---

(1) L. 3, C. *De usur. rei judic.*—V. Godefroy, sur la L. 3, § 11, *De pecul.*, note n; A. Sande, *Decis. frisic.*, liv. 3, tit. 14, def. 11;

autrement, bien entendu, si ce jugement précisait que la condamnation ne pourrait pas s'exécuter sur les biens dotaux. C'est à cause de cette réserve que la femme dotale a intérêt à se défendre, quoiqu'elle n'ait pas d'autres exceptions à proposer. Elle ne peut pas éviter une condamnation, quoique tous ses biens soient dotaux. Pour en venir là, il faudrait décider, comme on l'a tenté, que la femme qui n'a que des biens dotaux est incapable de s'obliger; ce serait reproduire le S.-C. Velléien; cela n'est pas possible. L'inaliénabilité de la dot forme un statut réel et non personnel. D'ailleurs la femme, devenue veuve, peut recueillir des biens, et ceux-là ne peuvent pas être dotaux.

Les mêmes principes s'appliquent aux héritiers de la femme qui se laissent condamner au payement de ses obligations sans exciper de la dotalité.

La transmission des biens dotaux aux héritiers sans l'obligation de payer les dettes de la femme, qui n'obligent pas la dot, a éprouvé pendant longtemps de sérieuses difficultés. Les partisans de la communauté s'efforçaient d'appliquer le droit commun au droit exceptionnel du régime dotal. Ils disaient: l'adition d'hérédité a fait entrer les biens dotaux dans le patrimoine de l'héritier; ils s'y sont confondus; ils y ont perdu leur qualité de dotaux et sont devenus le gage des créanciers; il n'y a plus de biens de la femme.

La préoccupation du but leur cachait le vice des moyens. Les rédacteurs du Code avaient déclaré hautement que l'inaliénabilité avait pour objet de conserver les biens dotaux à la femme et à la famille; probablement les enfants font partie de la famille. Donc de deux choses l'une: ou les

Proudhon, De l'usufruit, t. 3, p. 269 et 270; M. Tessier, De la dot, note 524; arrêts de Grenoble, 19 nov. 1831; de Riom, 2 juin 1840, rapportés dans Dalloz, Contr. de mar., nos 3544 et 3545.

raisons qui précèdent sont fausses, ou le législateur n'avait pas la puissance de faire ce qu'il voulait ; il promettait ce qu'il ne pouvait pas tenir : les effets de l'adition d'hérédité devaient paralyser sa volonté. Cet aperçu si simple fait naître de suite un doute bien grave sur les effets que l'on attribuait à l'adition d'hérédité.

L'opinion qui prétendait effacer la dotalité après la dissolution du mariage n'appliquait pas même entièrement le principe qu'elle invoquait. Elle mutilait la saisine légale et les effets de l'adition d'hérédité ; elle détachait du patrimoine de la femme un de ses droits les plus précieux, l'exception de dotalité ; l'inaliénabilité dotale était transformée en privilége personnel à la femme et non transmissible à ses héritiers. On arrivait ainsi à une conséquence monstrueuse : le créancier avait contre l'héritier des droits qu'il n'avait pas contre le défunt. « L'héritier, écrivait Montvallon, peut venir contre le fait du défunt, quand le défunt lui-même aurait pu venir contre son propre fait (1). » Et voilà bien pourquoi l'art. 1560 accorde à l'héritier de la femme le droit de faire révoquer l'aliénation du fonds dotal. La jurisprudence ne s'est pas associée à ces exagérations de la doctrine. « Si l'héritier pur et simple, dit la Cour de cassation, est tenu de payer toutes les dettes de la succession, il n'y est tenu que de la même manière et sur les mêmes biens que son auteur, dont il est la continuation ; si l'adition pure et simple a pour effet de confondre les biens de l'hérédité avec les biens personnels de l'héritier, et d'obliger celui-ci au payement des dettes sur tous les biens ainsi confondus sans distinction, néanmoins les biens dotaux, frappés d'inaliénabilité par leur nature et par la volonté de la loi, ne sont pas compris dans cette confusion ; l'héritier les recueille affranchis des obligations de la femme dotale, comme

(1) *Des Successions*, chap. 3, art. 20, t. 1, p. 160.

ils étaient entre les mains de celle-ci ; à cet égard , il n'y a
pas de différence entre l'héritier pur et simple et l'héritier
bénéficiaire (1). » Ces raisons ne sont que l'application des
principes élémentaires de la saisine et de l'adition d'hérédité. Cependant elles n'ont pas convaincu M. Troplong.
L'éminent magistrat leur préfère la doctrine isolée de Del-
vincourt et de Toullier, les deux professeurs qui ont donné
les premières explications du régime dotal dans le droit
moderne , et dont les doctrines coutumières ont eu une
regrettable influence en matière de dot.

L'héritier pourra donc invoquer, comme l'aurait pu la
femme elle-même, l'exception de dotalité ou d'inaliénabilité.
Mais , d'après la jurisprudence , cette exception ne protége
que les biens dotaux. Quant aux biens personnels de l'héritier, on distingue. A-t-il accepté la succession de la femme
purement et simplement ? on lui applique le principe de
l'article 873. Héritier pur et simple, même pour avoir appré-
hendé les biens dotaux que la loi lui réservait , il est tenu
sur ses biens personnels, et, à plus forte raison, sur les paraphernaux , de toutes les obligations de la femme , sans en
excepter celles qui n'obligeaient pas la dot, sauf toujours
l'exception d'inaliénabilité des biens dotaux. A-t-il accepté
sous bénéfice d'inventaire ? il n'est tenu que sur les biens
paraphernaux ; en d'autres termes , on l'autorise à retenir
les biens dotaux dans l'abandon qu'il peut faire pour se
dispenser d'administrer et de rendre compte.

Dans les circonstances ordinaires , l'héritier, pour prendre parti, se détermine en comparant l'actif au passif. L'héritier de la femme dotale doit calculer tout autrement et
prendre en considération la nature et le chiffre du passif.
Si les dettes, quoique de beaucoup supérieures aux biens
dotaux, ne les obligent pas, l'héritier ne doit pas renoncer

(1) Cass. 16 décembre 1846 et 10 août 1847 ; Dall. 47, 1, 17 et 293.

pour cela ; son intérêt est d'accepter bénéficiairement ,. quand même le passif serait minime eu égard à la valeur des biens. Si les dettes obligent les biens dotaux et leur sont supérieures, l'héritier doit renoncer ; car, en acceptant purement et simplement , il serait tenu *ultra vires* , même sur les biens dotaux.

Ici la jurisprudence a pour résultat de faire accepter presque toujours les successions des femmes dotales, sous bénéfice d'inventaire. C'est un inconvénient qui ne manque pas de gravité. La loi n'a pas subordonné les effets de la dotalité aux formalités onéreuses et gênantes du bénéfice d'inventaire. Les effets de l'acceptation bénéficiaire. sont incompatibles avec l'inaliénabilité dotale. Si l'héritier bénéficiaire néglige de faire vendre les biens, on décide que les créanciers peuvent eux-mêmes provoquer la vente. (Cass. 23 juillet 1833 et 3 décembre 1834.) Mais quand les biens sont dotaux , l'héritier bénéficiaire étant autorisé à les retenir comme tels, malgré les dettes, ne peut pas être considéré comme négligent, et les créanciers ne peuvent pas le forcer à vendre. Donc, ce bénéfice d'inventaire n'en est pas un. C'est une vaine et dispendieuse formalité qui rappelle les étroites exigences du formalisme romain, un palliatif dont on a cru avoir besoin pour se mettre d'accord avec les prétendus effets de l'adition d'hérédité. A force de vouloir ramener au droit commun le droit exceptionnel qui régit la dot, on a fini par faire croire que les effets ordinaires de l'adition d'hérédité étaient toujours applicables à l'héritier des biens dotaux , et que les créanciers sans action sur ces biens pouvaient lui dire sérieusement : Vous êtes héritier, mais prenez garde, vous ne pouvez pas vous emparer des biens dotaux sans devenir débiteur direct de nos créances par la toute-puissance du quasi-contrat d'adition d'hérédité. Ce sophisme n'est que la reproduction , sous des mots différents, du système qui prétend que l'inaliénabilité cesse après le mariage dissous, et qu'alors la dot répond de toutes les obligations de la femme. Pour y échapper, on n'a trouvé rien de mieux que l'acceptation bénéficiaire, sauf à ne pas en appliquer les règles et à finir par où l'on aurait dû commencer.

On s'est fait une fausse idée des effets de l'adition d'hérédité. Si je ne me trompe, l'héritier est tenu des dettes du défunt, parce qu'il a mis la main sur les biens qui sont le gage des créanciers. De droit commun, les dettes suivent les biens. L'héritier est tenu de toutes les dettes quand il a confondu les biens héréditaires avec les siens, de manière à ne pouvoir plus dire : Ceci était à moi, cela au défunt. Cette confusion entraîne virtuellement celle des dettes : *Bona non sunt, nisi deducto ære*.

Mais tout ceci n'est vrai qu'à une condition, c'est que les biens du défunt soient le gage de ses créanciers. Quand il en est autrement, les dettes ne suivent plus les biens ; la confusion de l'actif n'entraîne plus celle du passif. Quelles raisons y a-t-il, dans ce cas exceptionnel, d'appliquer le droit commun et d'attacher à l'adition d'hérédité les effets d'un quasi-contrat envers les créanciers ? Je n'en vois pas, et j'arrive ainsi par l'analyse juridique de l'adition d'hérédité aux conséquences suivantes : 1° l'héritier qui n'appréhende et ne confond que les biens dotaux dans les siens n'est tenu à rien, ni sur les biens dotaux, ni sur ses biens personnels, envers les créanciers qui n'avaient pas d'action sur la dot ; 2° il est tenu *ultra vires* envers les créanciers qui avaient les biens dotaux pour gages de leurs créances.

CHAPITRE IV.

DES EFFETS DE L'ALIÉNATION PROHIBÉE.

L'aliénation, lorsqu'elle est contraire à la loi, est nulle. Cette nullité est d'ordre public; elle est établie dans l'intérêt de la femme et de la famille. Elle a lieu de plein droit, en ce sens que, pour la faire prononcer, la femme ou ceux qui la représentent n'ont pas besoin de prouver une lésion ni un préjudice quelconque.

La nullité n'est pas absolue, mais relative; les créanciers de la femme ne pourraient pas la demander : l'article 1166 est inapplicable ici.

L'article 1560 autorise le mari à faire révoquer l'aliénation; c'est une des rares exceptions à la règle que nul n'est admis à venir contre son propre fait. Le mari agit alors comme administrateur, dans l'intérêt de la femme et de la famille ; il répare la faute qu'il a commise : il n'y a pas de fin de non-recevoir contre l'accomplissement d'un devoir. Le mari qui fait révoquer l'aliénation est passible de dommages-intérêts envers l'acquéreur auquel il n'a pas déclaré la dotalité dans le contrat : il doit, de plus, lui rembourser le prix qu'il a reçu ou qu'il est présumé avoir reçu, par cela seul qu'il a autorisé la vente. L'acheteur n'est pas fondé à retenir l'immeuble dotal jusqu'à remboursement par le mari soit des dommages-intérêts, soit du prix. La chose dotale ne subit pas de rétention; s'il en était autrement, la révocation de la vente serait presque toujours illusoire.

Il faut bien faire attention à ces mots de l'art. 1560 : *Si, hors des cas d'exception qui viennent d'être expliqués...* Ces expressions, rapprochées de l'article 1557, conduisent à décider que le mari ne peut pas demander la révocation lorsque la vente a été permise à charge de remploi et qu'il n'a pas fait ce remploi. Ici l'aliénation n'est pas nulle *ab initio*; sa validité est subordonnée à l'accomplissement d'une condition, celle d'un remploi, et cette condition peut s'accomplir tant que dure l'administration du mari. Peu importerait que le mari déclarât qu'il ne veut pas faire ce remploi. Dépend-il de lui de se jouer ainsi de ses engagements et de se créer un droit par un refus arbitraire ? La condition est censée accomplie vis-à-vis du débiteur qui en a empêché l'accomplissement (LL. 39, D. *De reg. jur.*; 81, § 1, D. *De condit. et demonst.*; art. 1174 du C. N.); or, si le remploi avait eu lieu, comment le mari pourrait-il encore demander la nullité de la vente ?

La femme ne peut faire révoquer l'aliénation avant la séparation de biens ou la dissolution du mariage. On a trop souvent confondu cette action révocatoire avec l'action pétitoire, et appliqué à celle-ci ce qui ne convient qu'à celle-là. L'une a pour objet la nullité de l'aliénation de l'immeuble dotal consentie soit par le mari, soit par la femme; elle suppose, de la part du mari ou de la femme, le rôle de demandeur; elle réfléchit contre le mari et l'assujettit à restituer le prix. L'autre ne suppose rien de semblable; c'est une contestation judiciaire qui intéresse soit la propriété du fonds dotal, soit les servitudes qui lui sont dues ou qu'il peut devoir. Ici, c'est une question de propriété qui s'agite entre les époux et un tiers qui prétend avoir des droits sur l'immeuble dotal, quoique le mari ni la femme ne lui en aient conféré aucuns; là, c'est une question d'aliénation et d'inaliénabilité.

La femme qui fait révoquer la vente n'est pas tenue de restituer le prix, si l'acquéreur ne lui prouve pas qu'elle en a profité. Ce profit doit être durable; il ne suffirait pas qu'il fût momentané : *durat beneficium*, dit le président Fabre.

En principe, l'acquéreur ne peut pas éviter l'éviction en offrant à la femme le prix ou la valeur du fonds dotal ; la femme n'est pas tenue d'accepter le prix à la place de la chose. Il en est autrement lorsque le contrat de mariage a permis l'aliénation à la charge d'emploi ou d'hypothèque suffisante sur les biens du mari, et qu'aucune de ces conditions n'a été réalisée. Ici la femme a manifesté l'intention de se contenter du prix, et l'acquéreur lui donne toute satisfaction en le payant. La différence entre les deux cas est énorme. Exemple : le mari, quoique n'en ayant pas reçu le pouvoir par le contrat de mariage, a vendu le fonds dotal à Primus 20,000 fr.; Primus l'a revendu à Secundus 30,000 fr., et celui-ci à Tertius 40,000 fr. La femme fait révoquer la vente contre Tertius, qui exerce sa garantie contre Secundus, lequel l'exerce contre Primus et le fait condamner à lui rembourser les 40,000 fr., avec les accessoires qu'il a été condamné à payer à Tertius. Ce résultat est inévitable pour Primus. Retenons l'espèce, et supposons la permission de vendre à charge d'emploi. Si Primus est bien conseillé il se hâtera d'arrêter l'action dirigée contre Tertius en faisant offrir à la femme 20,000 fr. avec les intérêts et les frais; c'est tout ce qui lui est dû; tandis que, s'il laisse consommer l'éviction, il devra 40,000 fr. à Secundus, comme il vient d'être dit.

L'article 1560 ne parle que du fonds dotal. Il ne faut pas en conclure qu'il ne s'applique jamais à la dot mobilière. Ainsi, la femme séparée de biens, qui aurait payé avec des deniers dotaux une dette qui n'obligeait pas sa dot, pourrait faire révoquer l'aliénation résultant du payement et répéter la somme payée.

La femme dont le fonds dotal a été aliéné a une action en révocation de l'aliénation, et une hypothèque légale sur les biens du mari pour indemnité de l'aliénation ; elle a de plus un privilége sur le fonds dotal aliéné, lorsque le prix

en est encore dû par l'acquéreur au moment de la séparation de biens ou de la dissolution du mariage. Elle a l'op-
tion entre la révocation et le payement du prix. En demandant le payement après la dissolution du mariage, elle
ratifie la vente et renonce à l'action en nullité; il ne lui
reste plus que l'action hypothécaire sur les biens du mari,
en y comprenant le fonds dotal aliéné et l'action *ex empto*
avec son droit de résolution, si le prix de l'immeuble est
encore dû. Malgré l'effet rétroactif de la ratification, les
sous-acquéreurs ne peuvent opposer la prescription décen-
nale à la femme qu'à dater de la dissolution du mariage,
ou de la séparation de biens, si l'on applique la disposition
finale de l'article 1561 : la rétroactivité de la ratification
n'efface pas l'inaliénabilité ni l'imprescriptibilité. Pendant le
mariage, la femme est protégée par le principe de l'inaliénabilité contre la renonciation à l'action révocatoire ; mais,
après, elle doit y regarder à deux fois avant de ratifier,
surtout depuis la loi du 23 mars 1855. Le défaut d'inscription du privilége du vendeur dans les quarante-cinq
jours de la vente (lorsque le prix n'a pas été payé) fait
perdre à la femme soit ce privilége, soit l'action résolutoire : il ne reste à la femme que l'action hypothécaire, si
elle s'est inscrite dans l'année de la dissolution du mariage.
Mais la perte de l'action résolutoire n'entraîne pas celle
de l'action révocatoire. On ne peut pas confondre deux
choses aussi dissemblables que la révocation et la résolution. La cause de l'action révocatoire remonte à la naissance du contrat; elle suppose que la vente a été infectée
ab initio d'un vice qui l'empêche de valoir. Au contraire, la
cause de l'action résolutoire réside dans un événement postérieur au contrat, le défaut de payement du prix. L'action
révocatoire, fondée sur les articles 1554 et 1560, suppose la
vente nulle ; elle est éteinte par la ratification ou le laps de
dix ans après le mariage dissous ; l'action résolutoire,

10

fondée sur l'article 1654, suppose la vente valable, mais non exécutée par le payement du prix ; elle se perd par le défaut d'inscription dans les quarante-cinq jours de l'acte de vente.

La femme ou ses héritiers, qui ont accepté purement et simplement la succession du mari garant de la vente, ne sont pas recevables à la faire révoquer ; ils sont repoussés par la maxime : *Quem de evictione tenet actio, eumdem agentem repellit exceptio.* La même règle s'applique au mari héritier de sa femme. Pour savoir si le mari est ou n'est point garant, on distingue : A-t-il vendu en nom qualifié, c'est-à-dire en qualité du mari seulement et sans promesse de garantie en son nom personnel ? il n'en est point garant : *Dicens se maritum censetur nomine uxoris facere* (1). — *Quilibet contrahens ex officio, non tenetur de evictione* (2). A-t-il vendu en son nom personnel ou en nom qualifié, mais avec promesse de garantir ou de faire ratifier la vente ? il est garant et ne peut évincer.

POSITIONS.

DROIT ROMAIN.

I. Comment faut-il entendre la règle que les impenses nécessaires diminuent la dot de plein droit ?

II. Le mari pouvait-il échanger le fonds dotal avec un tiers ?—Non.

III. Les époux pouvaient-ils déroger aux règles de l'inaliénabilité de la dot par des conventions antérieures ou postérieures au mariage ? — Non.

(1) Dumoulin, *Coutumes de Paris*, tit. 1, *Des fiefs*, 1, glose 1, n° 31.
(2) Boërius, *Decis.* 80, p. 163.

IV. La femme pouvait-elle donner ses biens dotaux pour l'établissement de ses enfants? —Non.

DROIT FRANÇAIS.

DROIT CIVIL.

I. Entre deux acquéreurs d'un même immeuble dotal, l'un pendant le mariage, l'autre après sa dissolution, quel est celui qui doit être préféré? — Le dernier.

II. Les payements faits par le père, débiteur de deniers dotaux et paraphernaux, à l'enfant commun doté par la mère, doivent-ils s'imputer proportionnellement sur les biens dotaux et paraphernaux? — Oui.

III. La femme qui a reconnu, soit par lettres, soit par un aveu judiciaire ou extrajudiciaire, pendant le mariage ou après sa dissolution, que le mari n'a point reçu sa dot, peut-elle invoquer le bénéfice de l'art. 1569? — Oui.

IV. Lorsque le mari a fait des constructions sur le fonds dotal et l'a ensuite vendu, l'acquéreur peut-il, sur l'action révocatoire, retenir, comme en étant propriétaire, une partie de fonds représentant la plus-value? — Non.

V. La femme peut-elle donner ses biens dotaux par institution contractuelle ou par donation-partage, hors le cas des articles 1555 et 1556? — Non.

VI. Les constituants qui exercent le droit de retour, les frères ou sœurs qui agissent en réduction de la constitution dotale, peuvent-ils invoquer le bénéfice de l'hypothèque légale de la femme? — Oui.

VII. Pourquoi, à la différence du droit romain, le mariage émancipe-t-il en droit français?

DROIT PÉNAL.

I. L'action civile résultant d'un crime se prescrit-elle par le même laps de temps que l'action publique ? — Oui.

DROIT COMMERCIAL.

I. La constitution de dot faite par un failli à l'un de ses enfants, depuis la cessation des payements ou dans les dix jours qui la précèdent, est-elle un acte translatif de propriété à titre gratuit, dans le sens de l'art. 446 du Code de commerce ? — Non.

II. La femme qui s'oblige avec son mari commerçant, après la cessation des payements ou dans les dix jours qui la précèdent, a-t-elle, à raison de cet engagement, une hypothèque légale sur les biens de son mari ? — Oui.

DROIT ADMINISTRATIF.

I. En cas d'expropriation pour cause d'utilité publique d'une partie d'un immeuble dotal, la femme peut-elle, avec l'autorisation de son mari et celle du tribunal, requérir l'acquisition du surplus, conformément à l'article 50 de la loi du 3 mai 1841 ? — Oui.

POITIERS. — IMP. DE A. DUPRÉ.

1863
1774
‾‾‾‾
·89

www.ingramcontent.com/pod-product-compliance
Lightning Source LLC
Chambersburg PA
CBHW071856200326
41519CB00016B/4419